새로고침

새로고침

잔다리에서 책으로 오늘을 읽다

초판 1쇄 발행 | 2026년 1월 16일

지은이 | 이일영 외 31인
펴낸이 | 염종선
책임편집 | 이선엽
조판 | 신혜원
펴낸곳 | (주)창비
등록 | 1986년 8월 5일 제85호
주소 | 10881 경기도 파주시 회동길 184
전화 | 031-955-3333
팩시밀리 | 영업 031-955-3399 · 편집 031-955-3400
홈페이지 | www.changbi.com

새로고침

세교연구소 기획

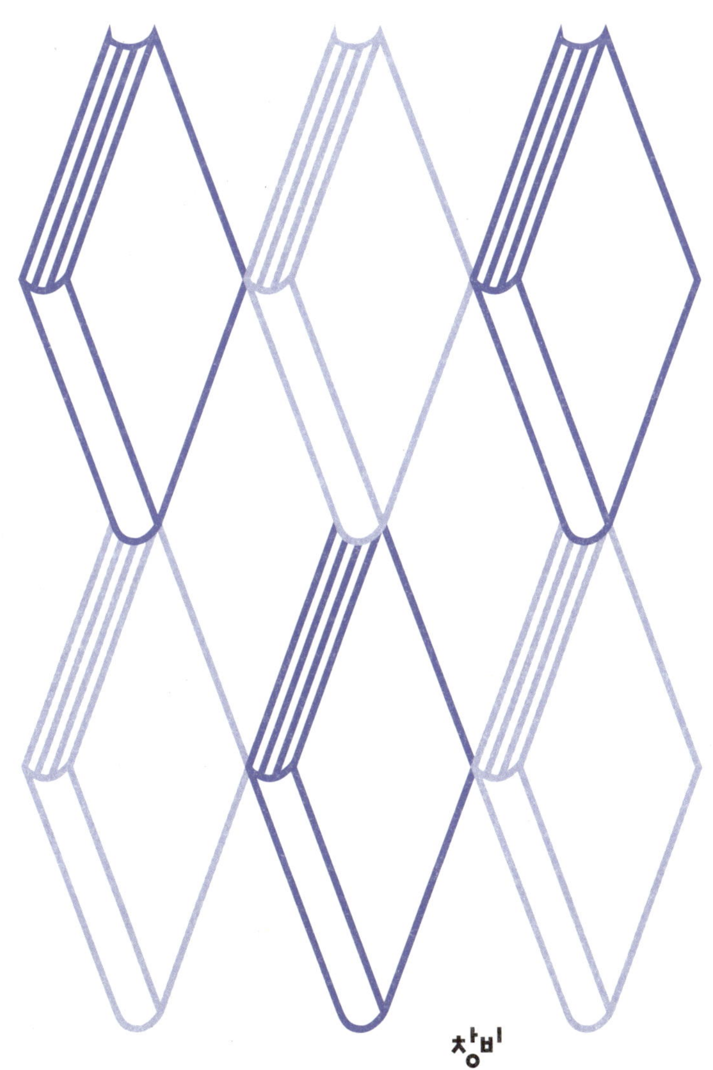

창비

책을 매개로 한 시평(時評)

이 책은 "서평을 통한 세상읽기"라는 기본 방향 아래 세교연구소가 2023년부터 연 3회 발간해온 서평 웹진 '잔다리서가'의 글들을 묶은 것이다. 세교연구소가 회원간 내부소통을 위해 만들어온 '세교뉴스레터'를 '잔다리서가'로 개편하고 일반 독자들도 손쉽게 접근할 수 있도록 '창비주간논평'과 협업해 공개발행을 결정한 데에는 연구소의 관심분야인 한반도 분단체제와 국제관계, 민주주의와 평등, 기후위기와 생태적 전환 그리고 동시대 문학과 문화 전반에 찾아온 변화와 점증하는 위기가 주요한 배경으로 작용했다. 진보적 연구자·문인·편집자·시민운동가의 네트워크로 구성된 세교연구소의 입장에서는 뜻있는 시민들 곁에서 함께 목소리를 내고 또 키울 필요가 있다고 판단했던 것이다.

그러나 기왕 새로운 매체를 내놓는 마당에는 기존 매체들과의 차별화를 고민하지 않을 수 없었다. 오랫동안 지식담론 생산과 전파의 핵심수단이었던 출판이 뉴미디어의 홍수 속에서 침체에 빠진 현실을 개선하는 데 조금이라도 이바지하자는 의미에서 책을 고르고 알리는 서평형식이 고려되었다. 뉴미디어는 뉴미디어대로 역사적 의의와 본분을 지니는 것이지만 그것이 확장되고 발전하려면 할수록 출판문화의 든든한 토대가 더욱 절실히 요청되기 마련이다.

다만 이 책에 실린 글들은 일반적인 신문·잡지의 신간 소개가 아니다. 가깝거나 먼 과거에 발간되었지만 당면한 국내외의 사회적 이슈와 정세를 이해하고 새로운 대안을 모색하는 데 자원이 될 책들을 다루었고 분야별로 이미 고전적 지위에 오른 책들도 포함했다. 말하자면 새로 나온 책을 알리는 서평이 아니라 '지나간' 책을 매개로 오늘날의 삶과 세계에 대해 발언하는 글쓰기를 지향했다고 할 수 있다. 제목으로 붙인 '새로고침'은 컴퓨터나 스마트폰의 기존 화면을 다시 불러들여 가장 최신의 상태로 만드는 기능을 말하는데, 그렇게 말하면 세교연구소가 추구해온 "한결같되 날로 새롭다"(法古創新)는 뜻과도 통한다 하겠다.

지난 3년간의 성과를 묶어 단행본으로 발간하는 뜻은 우선, 같은 기간 나라 안팎에서 제기된 과제들을 세교연구소의 눈으로 기록하고 기억하자는 데 있지만, 쉽지 않은 위기국면을 통과해온 우리 필자와 독자들에게 더 나은 미래를 모색하고 준비하는 작은 실마리라도 제공했으면 하는 바람도 작지 않았다.

여기 수록된 32편의 글들은 각각, 1부 분단을 넘어서는 일, 2부 역사의 갈림길에서 세계를 보다, 3부 차별과 격차를 허무는 도전,

4부 변해버린 계절 앞에서 물어야 할 것들, 5부 세상을 바꾸는 문화의 힘,이라는 주제별로 묶여 배치되어 있지만 사실 이중 상당수는 여러 주제를 동시에 넘나들기도 한다. 그만큼 하나의 문제는 다른 문제들과 연결되어 있고 우리 앞의 현실은 활동 분야와 전공의 제약을 가로지르는 종합적 사유를 요구하기 때문일 것이다. 2006년 설립된 세교연구소가 지난 20년간 연마해온 지향이 바로 거기 있기도 했다.

'잔다리서가'에 귀한 원고를 보내주시고 또 단행본 수록에 동의해주신 서른두분의 필자들께 감사드린다.

2026년 1월
세교연구소 이사장 백영서

기획의 말   005

1부 분단을 넘어서는 일

이일영 분단체제론의 삼중체제 인식   013
『분단체제 변혁의 공부길』

이동기 '신평화'의 원천을 찾아서   018
『존 F. 케네디의 위대한 협상』

김학재 '수평적 유토피아'론을 맞이하는 한가지 방법   023
『자본의 무의식: 자본주의의 꿈과 한민족 공동체를 향한 욕망』

구갑우 한반도에 핵전쟁의 그림자가 드리워져 있다   029
『갈등의 전략』

이수정 정병호 1주기, 타자와 관계 맺는 실천인류학   034
『고난과 웃음의 나라: 문화인류학자의 북한 이야기』

정주아 지치지 않으려는 마음   039
『돌베개: 장준하의 항일대장정』

문미라 지금, 한국사회에서 공산주의를 다시 말할 수 있을까   044
『한국 공산주의운동사』

2부 역사의 갈림길에서 세계를 보다

김항 박멸, 추방, 혐오 그리고 '핵심현장'   051
『핵심현장에서 동아시아를 다시 묻다』

정욱식 공존의 대안을 어디서 찾을까   056
『팔레스타인 100년 전쟁: 정착민 식민주의와 저항의 역사, 1917-2017』

김도혜 지구화된 21세기의 혐오와 폭력 이해하기   061
『고삐 풀린 현대성』

김은주 '권리를 가질 권리'와 평화의 조건   066
『전체주의의 기원』

홍일표 '관계인구'의 시작과 끝은 '지역재생 주체형성' — 071
『관계인구의 사회학: 인구감소 시대의 지역재생』

이욱연 '중국적인 것'을 어떻게 볼 것인가? — 076
『중국사, 어떻게 읽을 것인가: 황허문명부터 중국공산당까지 역사 흐름과 그 특징』

박재혁 늦었다고 생각될 때에는 너무 늦은 거다? — 082
『더 커밍 웨이브』

3부 차별과 격차를 허무는 도전

조형근 문화자본이 계급재생산에 작동하는 방식 — 089
『계급 천장: 커리어와 인생에 드리운 긴 그림자』

김소라 젠더와 남성성/들을 '관계'로 바라보기 — 094
『남성성/들』

배은경 '우리 모두'는 누구인가 — 099
『Parité! 성적 차이, 민주주의에 도전하다』

이지은 장애를 중심으로 역사를 쓴다는 것 — 104
『장애의 역사: 침묵과 고립에 맞서 빼앗긴 몸을 되찾는 투쟁의 연대기』

김수희 장애를 중심으로 돌봄을 다시 사유하기 — 108
『의존을 배우다: 어느 철학자가 인지장애를 가진 딸을 보살피며 배운 것』

최시현 탐욕스러운 시장, 지체할 수 없는 돌봄 — 112
『커리어 그리고 가정: 평등을 향한 여성들의 기나긴 여정』

4부 변해버린 계절 앞에서 물어야 할 것들

백영경 운디드니에서 스탠딩락으로 — 119
『나를 운디드니에 묻어주오: 미국 인디언 멸망사』

공유정옥 시간과 공간이 만든 비가시성에 맞서는 글쓰기 — 125
『느린 폭력과 빈자의 환경주의』

조효제 '생명권 정치'와 이스라엘-하마스 전쟁　131
『생명권 정치학』

김태우 개발독재시대의 생명평화운동과 장일순의 삶　136
『장일순 평전: 걸어 다니는 동학, 장일순의 삶과 사상』

윤은성 성장은 답이 아니라고 끊임없이 말하기　141
『경제성장이 안되면 우리는 풍요롭지 못할 것인가』

박대우 산불 이후의 세계　146
『산불은 마을을 어떻게 바꿨나』

5부　세상을 바꾸는 문화의 힘

윤지관 내란사태와 시민적 교양의 의미　153
『교양과 무질서』

최민우 싸우지 않아서 생겨나는 것　159
『도플갱어』

유희석 이야기의 힘, 한국문학의 저력　164
『야만적인 앨리스씨』

송종원 이별의 능력, 아니 큰 사랑: 김소월과 3·1　169
『진달래꽃』

김경미 K서사의 보고 『완월회맹연』　175
『현대역 완월회맹연』

이향규 한국어의 매력　180
『한글의 탄생: 인간에게 문자란 무엇인가』

대상도서 목록　185

1부
분단을 넘어서는 일

분단체제론의 삼중체제 인식

이일영, 한신대 경제학 교수

『분단체제 변혁의 공부길』
백낙청

2023년 가을 유튜브 '백낙청TV'에 초대받아 백낙청의 저서 『분단체제 변혁의 공부길』(초판 창작과비평사 1994, 개정판 창비 2021, 이하 『공부길』)을 새로 읽을 기회가 있었다. 이 책은 출간된 지 30년이 지났는데, 분단체제론의 기원과 계보를 살펴볼 수 있게 해준다. 그뿐만 아니라 최근 세계와 한반도에 나타나고 있는 위기적 징후를 체계적으로 점검할 수 있는 시각을 가다듬게 해주었다.

『공부길』은 분단체제론 형성의 과정과 담론의 기본 골격을 보여주는 텍스트이다. 권두에 배치된 「분단체제의 인식을 위하여」(이하 「인식」)가 저자가 생각하는 가장 중요한 텍스트일 것이다. 이 글은 『창작과비평』 1992년 겨울호 지면에 처음 발표되었고 1994년 단행본을 출간할 때 보론을 덧붙인 것이다. 이 글에서 제시된 "분단체제의 인식"에 도달하는 과정을 보여주는 글들이 뒤이어 나오는 「분단시대의 지역감정」(1987), 「분단시대의 민족감정」(1988), 「분단시대의 계급의식」(1991)이다. 사회적으로 표출되는 감정이나 의식에 대한 탐구를 거쳐 특수한 사회체제의 전체 모습을 서술하고자 하는 통찰의 과정을 보여준다.

김종엽은 분단체제론을 사회과학적 맥락에서 풍부하게 해석한 연구자로 『분단체제와 87년체제』(창비 2017)를 출간한 바 있다. 그에 의하면 『창비 1987』에 실린 「현단계 한국사회의 성격과 민족운동의 과제」라는 좌담이 분단체제론의 기원이라 할 수 있다. 이 좌담은 아직 제 모습을 드러내기 전의 분단체제론과 신식민지국가독점자본주의론 간의 논쟁이라는 것이다. 여기에서 백낙청이 한반도의 '독특한' 사회구성체를 인식하기 위해 분석단위 문제를 제기한 것을 중요한 지점으로 평가했다. 1987년의 좌담에서 분석단위 문제를 현재의 한반도로 가져왔다는 것이다.

김종엽은 이 좌담 이후 백낙청이 1988~91년의 여러 글을 거쳐 1992년의 「인식」에서 분단체제론의 이론적 틀을 가다듬는다고 보았다. 분단된 한반도를 분단체제라는 개념으로 포착했는데 이를 다음과 같이 요약했다. 남북한 각각의 체제로 이루어진 한반도(분단체제)는 일정한 자기재생산 능력을 가지고 있지만 내재적으로 불안정한 하나의 체제이다. 그리고 "이 체제(분단체제)는 세계체제의 하위체제로 존재하며 (…) 분단체제의 유지는 냉전체제에만 의존하지 않으며, 그것의 형성 또한 냉전에 의한 것만도 아니"(김종엽, 45~46면)라는 점을 부각한다. 여기서 중요한 논점은 세계체제와 분단체제의 관계이다.

이에 대하여 평자는 『공부길』의 열번째 글인 1991년의 「분단시대의 계급의식」(이하 「계급의식」)이라는 글이 매우 중요한 텍스트라고 생각한다. 「인식」이 '체제론'을 본격적으로 거론했다는 점에서 중요하지만 「계급의식」에서는 이미 '체제'의 본질적 요소와 의미를 훨씬 더 명료하게 제시하고 있다. 여기에서는 경제의 기본단위를 국민경제로 보지 않는다, 세계경제를 기본단위로 봐야 한다는 논의를 전개한다(149~51면). 세계경제 차원에서는 민족문제나 계급문제가 둘 다 내부적 모순이라는 것이다. 「계급의식」의 분석단위 인식을 기본으로 밀고 나가면, 분단체제는 세계체제의 하위체제이며 분단체제의 형성과 유지는 세계체제와 긴밀히 연동한다고 볼 수 있다.

평자는 분단체제론을 이론적으로 심화하고 현실에 적용하는 데에서 분단체제가 하나의 체제인가 세개의 체제인가를 묻는 것이 중요하다고 본다. 김종엽은 분단체제론을 삼중구도, 삼중체제, 삼중조망 등의 개념으로 구조화하였다. "세계체제-분단체제-남북한 각각의 체제라는 삼중구도" "삼중의 체제와 대응하는 삼중의 운동" "세계체제, 분단체제, 남북한 각각의 체제라는 삼중 조망" 등을 논의했다. 이때 삼중의 체제는 세개의 체제인가 하나의 체제인가? 김종엽은 "세계체제·분단체제·87년체제의 삼중 조망"을 논의하면서 세계체제론, 분단체제론, 87년체제론은 세계, 한반도, 한국이라는 분석단위에 상응한다고 서술하기도 했다(김종엽, 404면).

세계체제론은 세계경제의 규정성을 강조하면서 국민국가적 전략에 회의적이고, 그래서 대안전략의 구상과 실천 측면에서는 구체성과 현실성이 떨어지는 문제가 있다. 분단체제론이 제기된 것은 세계체제에 대한 분단체제의 특수성과 상대적 자율성 영역이 존재하기 때문이다. 그래서 국민국가나 지역 단위에서 실천적 대안의 전략을 모색할 수 있다. 그러나 분단체제나 남북한체제의 자율성은 어디까지나 상대적인 것이지 절대적으로 독립적인 것은 아니다. 특히 세계경제의 이행기 국면에서는 상대적 자율성의 공간은 좁아진다. 그러니 삼중조망을 세개 체제, 세개 분석단위로 인식하는 것으로까지 가져가서는 안 된다고 본다.

평자는「계급의식」의 인식에 입각하여 "세계체제-분단체제-남북한 각각의 체제"를 하나의 분석단위로 해석하는 데에 다시 주목해본다. 흔히 하는 것처럼 건축물 비유를 떠올려보면 한반도 분단체제는 삼층으로 구성된 하나의 건축물체제이다. 평자는 하나의 체제에 세개의 층위와 경제적, 정치·군사적 영역(측면)이 있다고 보고, 경제적 측면에서 '한반도경제'를 논의한 바 있다. "한반도경제는 세계체제의 일환으로서의 한국경제이고, 세계경제-분단경제-국민경제의 세개 층위를 가지면서 정치적·군사적 영역과 상호작용한다."(졸고「세계체제 카오스와 한반도경제」,『창작과비평』2024년 봄호, 46면)

삼중의 체제가 세개의 체제의 결합이라면, 국민국가 중심 실천의 비중이 커진다. 그러나 이는 분단체제론의 기본 인식에서 벗어난 것이다. 분단체제론은 두가지 의미를 함께 지닌다. 하나는 세계체제의 규정성이 존재한다는 것이고, 또 하나는 그 하위체제의 자율성 공간을 확장해서 세계체제를 변혁하는 길을 찾는 것이다. 삼중체제가 하나의 체제라면, 세계경제의 규정성을 인식하면서 그를 변혁하는 방도를 찾아야 한다. 중도가 더욱 중요해질 수밖에 없다.

'신평화'의 원천을 찾아서

이동기, 강원대 평화학과 교수

『존 F. 케네디의 위대한 협상』
제프리 D. 삭스, 이종인 옮김

　한국 권력자는 '자유통일론'의 깃대를 세웠고 북한(조선) 권력자는 "적대적 양국 관계"를 초들며 '영구분단'의 길을 찾는다. 한때 '한반도형' 평화형성을 말하던 이들은 무력하고 망연하다. 기묘한 위안거리는 한반도만 '평화의 불가능성'에 직면한 것이 아니라는 사실이다. 21세기 중반 현 세계질서를 신냉전이라고 말하는 것은 사치다. 익숙하지 않은 풍경이 너무 많기 때문이다. 뿌찐과 트럼프를 나란히 세우면 둘로 보이지 않고 하나로 보일 때가 적지 않다. 유럽 국가들 도처에서 위세를 떨치는 극우 포퓰리스트를 보면 '가치동맹'의 뜻을 한참 따져도 머쓱하다. 전통적인 열전도 부활했고 낯선 기후전쟁도 잦다. 다극체제라고 말하기에도 어색한 세계무질서가 형태를 갖추었다.

　신냉전이든 무질서든 그것을 극복할 지혜의 탐색은 20세기 후반 탈냉전 평화정치의 경험을 비껴갈 수 없다. 냉전위기 극복의 가장 찬연한 말과 행동은 존 F. 케네디(John F. Kennedy)에서 등장했다. 서독 평화정치가 빌리 브란트(Willy Brandt)도 케네디의 연설과 실천에 큰 영향을 받았다고 자주 밝혔다. 저자 제프리 D. 삭스(Jeffrey D. Sachs)는『존 F. 케네디의 위대한 협상』(21세기북스 2014)에서 존 F. 케네디 미국 대통령이 1963년 11월 암살되기 직전까지 행한 네 연설을 살펴 평화정치의 원형을 살렸다. 그 책은 케네디 암살 50주년인 2013년에 발간되었지만 미국의 영웅적 정치가에 대한 흔한 헌사와는 다르다. 그것은 케네디의 자질이나 인품이 아니라 평화구상과 의지를 드러내는 데 집중했다.

삭스는 케네디가 1961~62년 미국과 소련의 대결을 극복하고 1년에 걸친 노력의 결과로 양국간 핵실험 부분 금지조약의 통과를 위해 노력한 이유와 배경을 밝혔다. 책의 앞부분은 그 과정을 소상히 다루었다. 꾸바 핵위기 당시 케네디는 소련이 체면을 살려야 한다는 것을 이해했고 냉전을 제로섬 게임으로 보지 않았다. 케네디가 후일의 평화정치가에게 준 가장 큰 교훈은 군사적 대결의 위기를 극복하려면 군 참모들에게만 의존해서는 안 되고 책임 있는 정치지도자로서 현실적인 평화구상을 발전시켜야 한다는 점이었다. 평화는 능동적 의지의 산물이자 "많은 행위의 총합"이기 때문이었다.

이 책은 케네디의 연설들에 많은 지면을 할애해 평화정치의 언어와 수사, 정신과 논리의 중심을 가로질렀다. 케네디는 연설문 작가 테드 소렌슨(Ted Sorensen)의 도움을 받아 언어의 리듬을 개발하고 수사의 함축을 살렸다. 새 시대를 열려면 새 언어가 필요했기 때문이다. 1963년 6월 10일 아메리칸대학교 졸업식 연설, 1963년 6월 28일 아일랜드의회 연설, 1963년 7월 26일 핵실험 부분 금지조약에 관한 대국민 연설, 1963년 9월 20일 8차 유엔총회 연설. 삭스는 네번의 연설 중 가장 중요한 첫번째 연설인 1963년 6월 10일 아메리칸대학교 졸업식 연설에 특히 주목했다.

삭스는 '평화전략'으로 불리는 첫 연설을 다루면서 평화정치의 전제에 주목했다. 케네디는 평화를 "인간성의 갑작스러운 변화"에 기초한 것으로 이해하지 않았다. 현실주의자 케네디는 "좀 더 현실적이고, 좀 더 달성 가능한 평화" 또는 "일련의 구체적 행동과 효과적인 합의"에 초점을 맞추었다. 평화정치가 현실적이고 실용적이고 구체적인 실제적인 관점에 서 있음을 웅변한다.

삭스가 케네디의 평화연설에서 특히 부각한 것은 상대 인지가 완전히 달라졌다는 점이다. 케네디의 연설은 미국 정부의 오랜 소련 악마화를 완전히 버리고 소련을 인간화하고 미국과 소련의 공동이익을 강조했다. 냉전은 사실 양 진영의 수미일관하고 명료한 상대 체제붕괴 전략과 해방정책 때문에 지속된 것이 아니었다. 최근 냉전사 연구자들이 잘 밝혔듯이, 냉전의 근본 원인은 오해와 공포의 이중적 악순환이었고 소통 실패였다. 그런 점에서 케네디의 연설은 냉전 원인과 극복 지혜를 가장 먼저 그리고 가장 압축적으로 언급한 기념비적 자료다. 케네디가 미국과 소련간의 "상호이해와 소통"의 필요성을 강조한 것은 상당히 소박해 보이지만 당시 맥락에서 그것은 정확히 냉전의 근본 문제를 관통했다. 이 책은 그 점을 부각했다.

삭스가 주목한 마지막 특징은 케네디의 자기비판과 성찰이었다. 케네디는 연설에서 소련과 동유럽 공산주의의 내부 문제를 언급하지 않았다. 대신 그는 미국 내부의 인종주의 차별과 인권 문제를 간접적으로 언급하며 내적 반성과 개혁을 요구했다. 그는 미국 내부는 "자유가 온전하지 않기에 평화가 안전하지 않다"고 고백하며 변화를 선도하겠다고 선언했다. 이 책은 진영 외부의 상대를 일방적으로 질타하기보다 자국의 결함을 지적하며 보편적 자유와 인권의 갱신을 통해 평화의 호소력을 높인 케네디의 소통 방식에 큰 의미를 부여했다.

저자는 케네디의 연설을 통해 받은 감동을 그대로 전달하면서도 그 연설들이 곧장 변화를 낳았다고 과하게 주장하지는 않았다. 그 대신 그는 케네디의 연설에 새로운 숨결을 불어넣어 21세기 독자들의 감각에 동요를 일으킨다. 말은 영감을 주고 용기를 낳는다. 위험한 지도자들이 얼마나 오염된 말을 사용하는지, 초라한 정치가들이 얼마나 말의 오염을 통해 대안을 닫는지 잘 아는 독자들에게 이 책은 눈과 귀를 씻고 '신평화'의 원천을 맛보게 한다. 케네디의 통찰과 품격, 성찰과 안목, 용기와 모험, 신념과 결기, 신뢰와 호소는 모두 평화의 배음을 통해 독자들을 품는다.

힘을 통한 평화는 힘의 과시이면서 동시에 상대 힘의 강화 이상도 이하도 아니었다. 적으로 간주된 상대를 압박하면 적이 붕괴할 것이라는 기대와 전략은 그것이 위험해서이기도 하지만 무엇보다 비현실적 망상이었기 때문에 거부되었다. 적으로 간주된 상대와의 공동이익을 찾고 평화의 연루를 더 찾고 내적 성찰을 통해 보편적 평화의 길을 모색하는 것은 이상주의가 아니라 실용주의다. 이 책은 바로 그것을 전한다. 한반도 남과 북의 냉전 이상주의자들에 맞서 현실주의 평화로 다시 결집하려면 이 책이 전하는 케네디의 말과 실천에 잠시 젖을 필요가 있다.

'수평적 유토피아'론을 맞이하는 한가지 방법

김학재, 사회학자

『자본의 무의식: 자본주의의 꿈과 한민족 공동체를 향한 욕망』
박현옥, 김택균 옮김

"남북한은 이미 자본에 의해 트랜스내셔널 코리아 형태로 통일되었다"라는 문장으로 시작되는 이 책,『자본의 무의식』(천년의상상 2023)은 남북관계나 통일문제에 대해 생각해왔던 기존의 관념을 통째로 뒤흔든다. 우리는 흔히 영토적으로 통합된 하나의 민족공동체를 통일로 생각하지만 이 책은 1990년대 이후 남북한이 이미 자본주의의 역학으로 인해 트랜스내셔널(transnational) 코리아라는 사회적 형태로 통일되어 있다는 도발적인 주장을 제시한다.

무엇이 이정도로 독창적인 해석을 가능하게 했을까? 「역자 서문」과 「결론」을 읽고 나면, 평자를 포함한 독자들은 이 책이 탈냉전 이후 한국과 중국 사회의 변화 과정을 겪은 조선족의 삶과 저자의 연구자로서의 삶을 서사적으로 통합하려는 치열한 노력의 결과물임을 깨닫게 된다. 저자는 탈냉전 이후 미국의 버클리대학교에서 만주로의 조선인 이주에 대해 박사 학위논문(1994)을 쓴 후

조선족의 한국 이주에 대한 연구를 이어갔고 중국에서 문화혁명을 경험한 조선족들이 한국에서 이주노동자가 되어 어떤 경험을 하게 되는지를 연구하며 통일문제를 바라볼 때 기존 서사들로 충분히 통합되지 않는 차원을 오랫동안 마주해왔던 것이다.

이 책은 남북한이 영토적으로는 통일되지 않았지만 자본주의의 사회경제적 현실 속에서 '남북한과 한인 디아스포라(조선족, 탈북민, 이주노동자) 사회들의 파편화되고 위계적인 관계'(18면)로 살아가고 있다는 점에 주목한다. 저자는 이렇게 형성된 트랜스내셔널 코리아, 즉 남북한과 한인 디아스포라들의 자본주의적 통합 과정에서 조선족, 탈북민, 이주노동자에 대한 '정치적 무의식'들이 각각 '배상', '평화', '인권 옹호' 담론에 의해 지배되고 있으며, 이 담론들은 모두 '시장 유토피아'의 담론이라는 보편 담론에 근거해있다(19면)고 설명한다.

저자는 자본주의의 변화 과정에 따라 각 시기에 서로 다른 정치적 유토피아가 등장한다고 보고 있다. '시장 유토피아'란 산업화 시기의 '대중 유토피아'에 이어 등장한 신자유주의 자본주의의 윤리학으로서 자본과 노동의 국경을 가로지르는 이동을 매개하며 개인의 자유와 여러 공동체에 대한 새로운 상상(종족 민족, 통일된 민족, 국가 없는 민족)을 제시해왔다(19면). 즉 이 책은 1990년대 탈냉전 이후 햇볕정책과 남북 경제협력, 북한 인권 개선과 북한의 잠정적인 민주화 등 지배적인 통일담론들이 대부분 이 '시장 유토피아' 혹은 '신자유주의-민주주의'적 충동(39면)을 반영하고 있다는 비판적 분석을 제시하고 있는 것이다.

　이러한 저자의 분석틀을 더 연장해보면, 지금까지 제시되고 있는 통일방안을 상대화하여 분류해볼 수 있다. 현재 통일론은 크게 세가지 입장이 있다고 할 수 있다. 첫번째는 '민족 유토피아'를 지향하는 통일론이다. 이 관점은 하나의 민족은 하나의 민족국가를 수립해야 한다는 관점에 기반해 있으며 탈식민 독립운동, 이산가족 문제와 남북의 공통된 인종, 언어, 민족, 문화를 강조한다. 이 관점의 역사적 기원은 1차 세계대전 이후 국제적으로 민족자결주의가 제시될 때 발생한 3·1운동과 이어진 신간회의 독립운동, 상해임시정부와 해방 이후 좌우합작에 이르는 통일된 독립국가 건설 과정이다. 저자의 말처럼 냉전시기엔 이런 관점이 지배적이었다. 두번째는 바로 이 연구가 비판적으로 분석한 '자유-민주주의 유토피아'를 지향하는 통일론이다. 바람직한 공동체는 종교와 언론의 자유, 시장 메커니즘에 따른 개혁개방과 경제협력, 광주민주화 항쟁과 한국, 대만 민주주의, 북한 인권문제의 개선과 같은 변화를 달성할 때 이뤄진다. 사회주의, 권위주의 체제는 변화되어야 한다. 이는 한국의 지배적인 통일 담론이 되어왔다고 할 수 있다. 세번째는 저자가 강조하고 있듯이 조선족, 탈북민, 이주노동자의 관점에서 볼 때 자본주의적 위계와 차별에 비판적인 '수평적인 유토피아'를 지향하는 통일론이 있을 수 있다. 공동체는 무엇보다 수평적이어야 한다. 이런 관점의 역사적 기원은 1920~30년대 만주로의 이주 경험이며, 1990년대 이후 동아시아의 경제통합 과정에서 발생한 이주의 경험으로 새로운 사회경제적 현실이 되었다. 이렇게 볼 때 이 책은 탈식민-냉전 시기에 등장한 '민족주의', 탈냉전

시기의 '자유-민주주의', 그리고 지구화시대의 결과로 등장한 '수평적 공동체'라는 제3의 관점을 뚜렷하게 드러내주는 중요한 시도라고 할 수 있다.

그런데 최근의 변화를 고려할 때 이 책의 중심 주장에 대한 반론이 있을 수 있다. 왜냐하면 1990년 이후 약 20년간은 탈냉전-민주화-지구화가 지속되며 저자의 말처럼 일종의 '트랜스내셔널 코리아'가 형성되었지만, 2010년대 이후 현재까지는 이와 다른 관계단절이 나타나고 있기 때문이다. 1990년대 이후 꾸준히 개선되던 남북관계는 2008년 이후 점차 악화되었고, 한국에 입국하는 북한이탈주민도 2,900명 수준이던 2009년 이후 지속적으로 감소하여 2020년 이후엔 연간 200명 남짓한 규모로 감소한 상황이다. 특히 코로나 시기에는 북중관계마저 단절되는 양상이 있었으며 최근 북한은 '두 국가론'을 제시하며 통일 자체에 거리를 두고 있다. 최근 10여년간 한국사회의 여론은 같은 민족이기 때문에 북한과 통일되어야 한다는 여론이 60퍼센트대에서 40퍼센트대로 낮아지는 추세이며, 북한의 비핵화와 대화협력의 실현 가능성에 대해서는 상당히 회의적인 여론이 커지고 있다.

변화된 상황으로 인해 중심 주장의 유효성엔 논쟁이 있겠지만 이 책의 관점 자체는 앞으로 세가지 통일론이 서로 경합하게 될 새로운 담론지형을 예고하고 있다. 이 연구가 '원역사'로 명명하며 연구의 출발점이 된 1920년대는 긴 역사적 시선에서 보면 자본주의의 변화와 맞물려 세가지의 서로 다른 정치적 유토피아 관념들이 분출했던 시기이다. 국제질서와 협력이 와해되고 국가간 전면적 경쟁 속에서 국내정치가 급격히 변화하며 자유주의, 파시즘, 사회주의 국가들이 서로 경쟁했던 것이다.

따라서 기존 통일론들의 지형이 변화하는 시점에서 이 책이 한국에 소개된 것은 의미심장하다. 이 연구는 마이클 부러보이(Michael Burawoy), 해리 하루투니언(Harry Harootunian) 같은 미국 학계의 맑스주의의 영향을 받았으며 미국 사회학계와 지역학 연구 분야에서 상당히 도전적이고 독창적이라는 평가와 주목을 받았다. 저자는 1990년대 이전 한국 사회운동의 계급투쟁 및 민족해방 노선과 비교할 때 1990년대 이후 시장과 민주주의를 지향하는 사회운동의 개혁성이 약화되었다는 평가를 내리며(414면) 결론에서는 새로운 커먼즈에 대한 전망으로 '수평적 유토피아'로서의 제3의 통일론을 제시하고 있는 셈이다.

우리는 역사를 알고 있다. 선진국의 자유주의와 후발국의 민족주의가 함께 발전하던 시기를 지나 1930년대 후발국들의 민족주의가 급진화되었고 이에 맞서기 위해 자유주의와 사회주의의 연합이 형성되어 인류사 최대의 전쟁이 발발했다. 이번에도 비극적인 역사가 반복될 것인가? 아니면 역사가 반복되지 않을 조건이 충분히 갖추어졌는가? 세계적으로 진보와 보수의 정치 양극화가 심화되고 민주주의가 약화되고 있으며, 민족주의와 포퓰리즘이 분출하는 경향을 보이고 있다. 최근 몇년간 심화된 미중경쟁과 러시아-우끄라이나 전쟁을 겪으며 한미일-북중러 구도로 국제관계가 나뉘는 경향도 심화되고 있다. 현재의 추세에서 국내갈등과 국제갈등이 더 심화되는 것을 어떻게 예방할 수 있을 것인가? 수평적 유토피아의 관점에서 통일문제를 바라본 이 책은 단지 통일에 대한 제3의 관점을 제시했을 뿐 아니라 국제질서가 변화하는 상황에서 앞으로 시장-민족-평등의 관계가 어떻게 변화하고 어떻게 평화를 이룰 것인가에 대한 토론들이 절실해진 시기에 정확히 우리 앞에 도착했다.

한반도에 핵전쟁의 그림자가 드리워져 있다

구갑우, 북한대학원대 교수

『갈등의 전략』
토머스 셸링, 이경남·남영숙 옮김

『갈등의 전략』(한국경제신문 2013)을 쓴 토머스 셸링(Thomas Schelling)은 2005년 12월 노벨경제학상을 받았다. 당시 기념강연의 제목은 '놀라울 따름인 60년: 히로시마의 유산'(『미시동기와 거시행동』, 21세기북스 2009)이었다. 셸링은 1945년 8월 미국이 일본의 히로시마와 나가사끼에 핵무기를 투하한 이후, 핵전쟁이 더이상 발생하지 않은 이유를 물었다. 경제학자로서 1950, 60년대 미국과 소련의 핵무기를 둘러싼 갈등을 상호의존적 의사결정이 이루어지는 '게임'으로 접근해왔기에 셸링의 물음이 놀랍지는 않았다. 다시금 야만적 전쟁의 시대에 특히 핵국가 러시아, 이스라엘, 미국, 영국, 프랑스, 북한이 직간접적으로 얽혀 있는 러시아–우끄라이나 전쟁과 중동전쟁이 핵전쟁으로 비화될 수도 있는 시기에, 전쟁을 겪었던 한반도가 임박한 핵전쟁의 장소가 될 수도 있는 시대에, 셸링의 질문을 소환한다.

1960년에 처음 나온『갈등의 전략』은 셸링이 미래에 할 질문의 답을 담았다. 셸링과 그의 동료들이 고안한 핵전쟁 예방기제는 '상호억제'(deterrence)였다. 셸링의 간략한 정의에 따르면 억제는 결과의 두려움 때문에 행동을 삼가게끔 하는 것이다. 예를 들어 18세기 영국의 공리주의 철학자 벤담(J. Bentham)은 범죄인이 충분히 합리적이라면 처벌의 비용이 범죄의 잠재적 편익보다 클 때 범죄의 '억제'(determent)가 이루어질 것으로 보았다. '핵억제'는 적국이 핵전쟁을 시도한다면 핵무기로 보복과 응징을 하겠다는 조건부 의지표현(commitment)으로 적국에 대한 심리적 강압의 한 형태다. 1949년 8월 소련의 핵실험으로 미국의 핵독점이 깨지자 소련에 대한 핵 선제타격까지 고려했던 미국이 소련의 핵무기와 공존하는 방법을 찾았고 그 결과가 억제 개념의 발견이었다. 물론 억제가 냉전시대 미국의 핵심 군사전략이 아니었을 뿐 아니라 억제는 상대적으로 약한 국가의 선택이라는 반론도 있다.

셸링이 전개하는 논리의 매력은 억제를 도출하는 과정에서의 반직관적 사고에 있다. 소련과 갈등하던 미국을 위해 개발된 이론이지만 핵을 둘러싼 남북미 갈등을 이해하는 데도 유용하다.『갈등의 전략』에서 갈등은 흥정(bargaining)과 사실상 동의어다. 전략은 군사적 개념이 아니다. 셸링에게 전략은 행위자들의 결정의 상호의존성과 서로의 행동에 관한 기대에 초점을 맞추기 위한 게임이론의 용어다.『갈등의 전략』에 등장하는 핵억제와 연관된 개념들인 '위협과 약속' '벼랑끝전술'(brinkmanship) '신뢰성'(credibility) '공포의 균형' '안정'(stability) 등등을 활용하여

2013년 정도부터 시작된 한반도 핵갈등의 역사와 현재의 위기까
지를 북한을 중심으로 간략히 기술한다.

북한은 2013년 3월 경제·핵 병진노선을 시작하며 '자위적 핵
보유국'이 되겠다는 의지를 밝혔다. 헌법에 핵보유국을 명시했고
자위적 핵보유국을 공고화하는 국내법도 제정했다. 갈등하는 국
가들과 소통이 없는 상태에서 위협과 약속이 담긴 자기구속적 조
치였다. 그 이후 핵실험과 핵 운반수단인 탄도미사일 실험을 반복
하며 핵능력을 제고했다. 서로 마주 보고 달리는 자동차를 가정한
치킨게임에서 승자가 되는 방법은 운전대를 뽑아 밖으로 던지는
것이다. 북한은 핵보유국이 되기 위해 스스로 강제한 직진 이외의
선택지가 없다고 밝힌 것이다. 비합리성의 합리성으로 이름 붙일
수 있는 벼랑끝전술을 통해 북한은 핵보유국이 되겠다는 신호의
신뢰성을 높이고자 했다. 북한이 다른 국가와 달리 핵과 미사일
실험의 상세 내용을 공개하는 이유도 신호의 신뢰성을 높이려는
조치로 해석될 수 있다. 북한은 2017년 11월 미국 본토를 타격할
수 있는 대륙간탄도미사일 화성15형을 실험하고 핵무력 완성을
선언했다. 전략무기를 개발하는 다른 국가들이 보여주지 않는 행
태다. 이후 자신들을 전략국가로 명명하고 대화의 장에 등장했다.
2018~19년 한반도 평화프로세스 동안 북한은 핵·미사일 실험을
중단했다. 그 시기 북한은 핵군축을 평화체제와 교환하고자 했다.
그러나 남북미의 서로 다른 기대가 수렴되지는 않았다.

2019년 말 한반도 평화프로세스가 실패로 끝나면서 북한은
다시금 '반격능력'에 중점을 둔 핵능력 제고의 길로 복귀했다.

2021년 1월 열린 '조선로동당 8차대회'에서는 '힘의 균형'에 입각한 평화를 재확인했다. 핵 선제공격을 받더라도 반격할 수 있는 핵 운반체인 잠수함발사탄도미사일과 대륙간탄도미사일 등의 실험을 재개했다. 2024년 10월 시험 발사한 화성19형은 은폐가 상대적으로 용이한 고체연료를 사용하는 대륙간탄도미사일이었다. 결국, 한반도에서는 미국이 한국에 확장억제를 제공하는 핵기반 동맹과 핵보유국 북한이 맞서는 상태가 되었다. 양측 모두 힘에 입각한 평화를 언급하지만 선제타격보다는 반격능력을 강조하며 대립하고 있다. 자칫 핵전쟁으로 비화될 수 있는 군사적 충돌은 서로 자제하는 상태다. 2024년 6월 북한이 러시아와 동맹조약을 체결하면서 한미동맹 대 북러동맹의 대립구도도 추가되었다.

셸링은 『갈등의 전략』에서 어느 한쪽이 다른 쪽을 섬멸할 수 있는 '공포의 균형'과 양측이 모두 상대를 섬멸할 수 있는 '공포의 균형'을 구분했다. 후자의 공포의 균형을 셸링은 볼모의 교환에 비유하곤 했다. 북한이 대륙간탄도미사일 실험으로 미국을 위협하지만 미국과 공포의 균형을 만드는 것은 불가능하다. 북한이 미국에 보내는 위협신호는 한국에 대한 확장억제를 제한하는 기능으로 한정될 수밖에 없다. 한반도로 국한한다면 서로를 섬멸할 수 있는 물리적 기반은 마련되었다고 할 수 있다. 셸링에 따르면, 상호억제를 가능하게 하는 것은 균형이 아니라 균형의 '안정'이다. 균형은 어느 쪽이 선제공격을 해도 상대가 반격할 능력을 파괴할 수 없을 때만 안정적이라는 것이다. 안정은 양측 모두에게 무력갈등을 위한 유인이 없는 상태다. 셸링의 논리에 따르면 한반도에서 균형의 안정은 결국 북한의 반격능력을 인정할 때 가능한 길이다. 미국과 소련은 1960년대 후반 서로의 억제전략을 이해할 수 있었을 때 군비통제나 군축협상과 같은 협력의 길로 갔다.

『갈등의 전략』은 상호억제의 안정을 위해 핵능력 제고를 정당화한다는 비판을 받았다. 이른바 억제의 역설이다. 전쟁을 폭력적 협상으로 생각한 셸링은 베트남-미국 전쟁에서 북베트남에 보내는 값비싼 신호인 징벌적 폭격을 제안했고, 미국은 이 폭격을 실행에 옮겼다. 그러나 셸링이 예견한 것처럼 빠른 시간 내에 협상의 타결은 이루어지지 않았다. 북베트남은 굴복하지 않았고 전쟁은 장기전이 되었다. 셸링이 냉전의 '전사'(warrior)로 비난받는 이유다. 셸링도 2005년 노벨경제학상 수상연설에서 핵전쟁이 발생하지 않은 이유로, 억제와 함께 핵무기 사용이 근친상간 금기와 같은 금기로 받아들여졌기 때문이라고 말한 바 있다. 2024년 10월 다시금 전쟁의 시대에 '일본원수폭피해자단체협의회'가 노벨평화상 수상자로 선정되었다. 노벨위원회는 핵무기의 폐기와 항구적 평화를 실천해온 피폭자들의 반핵·평화운동이 핵 금기 확립에 기여했음을 인정했다. 자칫 상상할 수 없는 참화를 만드는 핵전쟁이 발생할 수도 있는 지금, 핵전쟁을 예방하는 인간적 억제력으로서 반핵·평화운동의 역할을 다시금 생각해보아야 할 때다.

정병호 1주기, 타자와 관계 맺는 실천인류학

이수정, 덕성여대 문화인류학전공 부교수

『고난과 웃음의 나라: 문화인류학자의 북한 이야기』
정병호

늘 "괜찮아, 일없어" 하고 웃으며 누구보다 바삐 사람들을 이어왔던 실천인류학자 정병호가 갑작스레 우리 곁을 떠난 지(2024년 12월) 어느덧 1년이 되어간다. 그의 부재를 실감하는 지금, 한국사회는 여전히 깊은 불화와 불안 속에 있다. 서로 다른 배경과 생각을 지닌 이들 사이의 혐오가 일상이 되었고 세계 곳곳에서는 전쟁이 한순간도 멈추지 않는다. 한반도 역시 냉전 이후 가장 경직된 정세 속에 놓여 있다. 북한은 헌법을 개정해 남한을 '적'으로 규정하며 '두개의 국가'를 선언했고, 남한에서도 북한을 위험·후진·비정상으로 고정하는 언어가 더욱 공고해졌다.

분리와 배제, 혐오와 적대의 언어가 증폭되는 시간 속에서 나는 『고난과 웃음의 나라』(창비 2020)를 다시 펼친다. 이해할 수 없다고 단정했던 타자와의 만남, 그들과 함께 시간을 견디며 관계를 이루고 그 과정에서 분석과 공감의 균형을 가다듬는 일. 정병호의 글은 이러한 '만남의 윤리'를 새삼 일깨운다. 이는 오늘 우리가 평화를 다시 사유하기 위해 반드시 되짚어야 할 출발점이기도 하다.

『고난과 웃음의 나라』는 전형적인 인류학 현장에서 탄생한 책이 아니다. 더 나은 세상을 향해 걸어온 저자의 긴 여정에서, 우연히 스친 순간에서부터 깊은 머묾 속에 다져진 관계까지 차곡차곡 쌓여 완성된 기록이다. 그는 뛰어난 학자였지만 무엇보다 세상의 아픔을 먼저 감지하고 서로 다른 사람들을 이어 작은 변화를 일구어내는 실천가였다.

대학생 시절 신림동 난곡의 저소득층 밀집지역에 '해송아기둥지'를 설립하여 돌봄을 실천했던 일, 일본 보육현장을 탐구한 학위 연구, 귀국 후 공동육아 모델을 개발하고 첫 어린이집 원장을 맡았던 시간들은 모두 '함께 살아갈 방법'을 찾기 위한 꾸준한 모색이었다. 그러던 중 1996년, 기근으로 고통 받는 북한 아이들의 사진을 보고 시작한 구호활동이 그의 북한연구의 첫 장을 열었다.

이후 20여년 동안 저자는 남한의 '퍼주기' 비난과 북한의 자존심 정치 사이를 관계 맺는 사람으로 꾸준히 건너다녔다. 방북이 어려울 때는 두만강 조중 접경에서 혹은 남한으로 온 북한이주민의 삶 속에서 또다른 북한을 만났다. 짧지만 반복적인 만남, 서로 다른 장소와 삶을 잇는 지점들의 축적을 통해 구성된 그의 연구는 책상 앞에서의 사유를 넘어 사람들과 얼굴을 마주한 자리에서 길어올린 실천적 지식이었다.

『고난과 웃음의 나라』는 북한사회와 사람을 이해하려는 작업이자 북한을 둘러싼 오랜 '타자화'의 관습과 맞선 기록이기도 하다.

분단체제와 신자유주의 질서 속에서 북한은 흔히 '두렵고도 후진적인 존재', '알 수 없는 미스터리'로 재현되어왔다. 저자는 이를 정면으로 흔들어 북한을 이해와 소통의 지평에 놓고자 했다.

그는 먼저 북한의 문화적 논리를 역사와 관계의 두터운 층위에 놓아 다시 읽어낸다. 북한의 정치문화와 일상의 몸짓을 탈식민의 역사, 국제정치경제 구조, 사회주의 경제 네트워크의 해체라는 거대한 흐름 속에 위치시키며, "북한이 어떤 조건 속에서 어떤 경험을 하며 살아왔는지, 그 과정에서 무엇을 내면화했는지"(13면) 묻는다. 이는 곧 타자와 관계 맺기를 위한 윤리적 실천, 즉 "그들의 마음을 알아주"(29면)려는 시도이다.

이러한 맥락화는 자연스레 비교의 시선으로 확장된다. 그는 북한을 남한 및 다른 사회들과 교차해서 읽는다. 차이를 부각하기보다 차이 아래 흐르는 공통성을 포착함으로써 북한을 '예외'로 고립시키지 않고 보편성과 특수성의 교차점에 다시 놓는다. 독자는 그 경계에서 자신이 속한 사회의 문화적 문법을 성찰하게 된다.

무엇보다 그가 자신의 감정을 숨기지 않고 생생하게 드러낸다는 점이 이 책을 특별하게 만든다. 책 곳곳에는 호기심, 슬픔, 분노, 난감함, 울컥함, 부끄러움, 죄책감 그리고 사람에 대한 깊은 믿음이 겹겹이 배어 있다. 이는 독자를 저자의 자리로 초대하는 장치이며 분단시대를 살아온 이들이 쉽게 이해하기 어려운 북한의 몸짓과 말을 부드럽고 입체적인 감정의 결로 풀어내는 통로가 된다.

반복적으로 등장하는 '웃음'은 책 전체를 관통하는 중요한 이미지다. 웃음은 기쁨의 표정이자 고단함과 긴장을 버티기 위한 완충

장치이고, 때로는 체제가 요구하는 의례적 표정이기도 하다. 정병호는 이 웃음을 억압의 산물이나 순수성의 표현으로 단순화하지 않고 정동적·정치적·사회적 요소가 얽힌 다층적 행위로 읽어낸다. 웃음의 구조와 실천을 따라가다보면 체제의 상징이나 이념적 기호가 아닌, 각자의 자리에서 고투하며 살아가는 북한 사람들이 또렷이 드러난다. 이 지점에서 그는 북한 사람들을 '조선민주주의 인민공화국'이라는 정치적 신체와 등치하는 관습을 벗겨낸다.

『고난과 웃음의 나라』는 북한을 이해하기 위한 책이지만, 그 이해의 방식이 우리에게 더 근본적인 질문을 던진다. 저자가 보여준 것은 타자를 낯선 존재로 고립시키지 않고 역사와 관계, 감정의 결 속에서 살아가는 구체적 인간으로 바라보는 시선이었다. 맥락을 읽고 차이를 견디며, 그 속에서 공통의 자리를 찾아가려는 그의 태도는 곧 타자와 어떻게 관계를 맺어야 하는가에 대한 깊은 성찰로 이어진다.

그가 떠난 지금, 우리는 다시 묻게 된다. 타자의 삶을 이해하려는 윤리는 어떻게 가능하며, 다름을 적대가 아닌 배움과 공존의 가능성으로 읽는 감수성은 어디서 비롯되는가. 정병호의 글은 완결된 해답을 제시하지 않지만 우리가 어떤 자리에서 질문을 다시 시작해야 하는지를 일러준다.

그러니 1주기를 맞아 이 책을 다시 펼치는 일은 단순한 추모의 행위가 아니다. 분단과 적대의 언어와 정동이 더욱 굳어가는 시대에, 그가 남긴 '평화를 향한 시선'을 다시 마음에 새기는 일이다. 그는 지금도 우리 곁에서 조용히 일깨운다. 비록 온전한 이해에

도달하기는 어렵더라도 타자를 이해하려는 작은 마음이 실천으로
이어질 때, 평화의 조건은 다시 구성될 수 있다고.

지치지 않으려는 마음

정주아, 강원대 국어국문학전공 교수

『돌베개: 장준하의 항일대장정』

장준하

회고록은 서술이 이루어지는 시점과 사건이 발생한 시점 간의 '시차'가 필연적으로 수반되는 글쓰기 양식이다. 이때 '시차'란 시간의 차이〔時差〕이기도 하고, 시각의 차이〔視差〕이기도 하다. 지난한 시간을 견디며 생겨난 이 시차'들'의 깊이는 때로는 유려한 철학적 사변이나 문학적 상상력보다도 묵직한 감동을 만들어내는 경우가 있다. 『사상계』를 펴낸 언론인이자 군부정권에 필사적으로 저항한 정치인이었던 장준하(張俊河)의 회고록인 『돌베개』(초판 화다출판사 1971, 개정판 돌베개 2025)가 그런 경우이다. 주지하듯 그는 해방 직전에 학병으로 징집되어 중국 쉬저우의 일본군 부대로 끌려갔던 경험이 있다. 그곳에서 그는 목숨을 건 탈출을 감행해 다른 탈출 학병들과 함께 당시 충칭에 있던 임시정부를 향해 떠났다. 『돌베개』에는 쉬저우에서 충칭까지 일본군의 감시망과 국공내전의 혼란상을 뚫고 무려 6천리를 걸어 도달한 대장정의 기록이 담겼다. 물론 이 청년기의 기억을 떠올리는 것은 1971년 무렵, 종신 집권의 길로 달려가는 군부정권을 저지해야 한다는 조바심에 찬 장년의 장준하이다. 너무 험준해서 제비도 날아서 넘지 못한다는 파촉령의 설원을 헤매던 청년 장준하를 소환한 장년의 장준하는 어떤 마음이었을까.

회고록의 표제인 '돌베개'는 가족과 고향을 떠나 낯선 땅을 홀로 헤매다 신을 만난 창세기 야곱의 일화에서 유래한다. 지친 몸으로 길에서 돌을 베고 잠이 들었던 야곱에게 신이 찾아와 구원과 축복을 약속한다. 이에 야곱은 자신이 베고 누웠던 돌로 비석을 세우며 신을 만난 땅임을 표시한다. 조선에 두고 온 아내에게 탈출 계획을 알리기 위해 암구호로 인용했다는 야곱의 일화는 이 회고록에서 장준하의 회상을 끌고 가는 상징적 힘을 지닌다. '돌베개'는 일차적으로는 기아와 불안에 떨며 노숙하던 나날의 거친 잠자리와 그로 인한 몸과 마음의 고단함을 일컫는 것이겠다. 그러나 그 의미는 이렇듯 직접적인 차원에만 머물지 않는다.

새벽에 갈대밭 속을 헤매고 아직 아침밥을 못 먹은 뱃속의 시장기는 또다시 우리에게 시련을 요구했다. 풀잎이라도 짓씹어 보고 싶은 욕구를 견디어 내며 나는 야곱의 돌베개를 생각했다.
나는 사실 나 자신을 시험하고 있었다. (…) 이긴다는 것은 모두 내 생애의 밑거름이 될 것이다. 나의 생애가 만일 나 이외의 것을 위해 있을진대, 반드시 오늘의 이 이김은 나의 생애를 위해 필요한 것이리라.(돌베개, 91면)

　　　　　　　　　　　　　

대체 왜 젊다는 이유로 남의 전장에 끌려와야 하는지, 대체 왜 낯선 땅에서 고통스럽게 헤매고 있는 것인지. 평안도 목사의 아들이었던 장준하는 어떤 논리로도 설명할 수 없는 이 기막힌 상황을 자신을 강하게 만드는 계기로 삼기로 한다. 야곱에게 이러한 고행은 결국 신의 구원과 축복에 닿는 방편이 되었다. 이처럼 야곱의 운명에 자신을 밀어넣는 사유의 종착은 다음과 같은 질문에 닿게 되어 있다. '그렇다면 신이 나에게 임할 자리, 내가 돌베개를 베고 누워야 할 자리는 어디인가.' 그 답을 구하는 여정이 '임시정부'에의 합류와 언론운동, 반정부운동으로 이어졌음은 그의 이후 행적에서 잘 드러난다. 즉 수난을 감당하며 조국의 품을 향해 걷는 것, 이것이 『돌베개』의 핵심 주제이다.

그러나 회고록 『돌베개』의 깊이는 이 소명을 달성할 수 없다는 것, 그러니까 이상적인 조국에 닿는 일이 너무도 요원해 보인다는 막막함을 숨김없이 드러내는 데 있다. 그로부터 생겨나는 환멸의 깊이는 『돌베개』를 애국심을 증명하려는 반정부 정치인의 학병 시절 회고록쯤으로 단정해서는 안 되는 강력한 이유가 된다. 이러한 환멸은 어쩌면 그의 세대적 특수성에서부터 예고되었던 것인지도 모른다. 이상한 말처럼 들리겠지만, 사실 그는 조국이 무엇인지 잘 몰랐던 것이다. 일제 말인 1944년 당시 학병으로 징집된 조선인 청년들은 1920년을 전후하여 출생한 이들이다. 이들은 한일합병이 된 지 10여 년 후에 태어난 세대이다. 그들에게 '조국'이란 조부나 부친의 전언을 통해서 알고 있는 그 무엇이었다. 그것은 가족이 사용하는 조선말과 그가 살아온 고향 땅으로 존재한다. 임정의 선배 독립운동가들에게 조국이 '빼앗긴 실체'였다면 장준하에게 조국이란 아직은 환상이자 상상의 대상이었다. 이에 충칭을 찾아가는 길, 나아가 해방 후 정부에 참여하는 일 등은 그에게 있어서는 환상을 실체로 바꾸어가는 여정이었다고 할 수 있다. 마치 신의 음성을 돌베개로 남겼던 야곱처럼 그는 관념이 아닌 육체를 갖춘 조국을 찾고자 했다. 임정 청사 위에서 휘날리는 기를 보고 '피가 뛰고 혈관이 좁아지는' 감각을 느낀 것은 태어나 처음으로 조국의 실체와 마주쳤다는 감격에서 기인한다.

그러나 그가 현실에서 만난 조국은 번번이 실망을 안겨주었다. 상봉의 감격이 가신 후 들여다 본 임시정부 내부에는 여러 정파가 대립하는 중이었고, 광복군 내부에는 권력욕에 사로잡힌 기회주의자들이 존재했다. 그리움 끝에 다시 돌아온 조선 땅의 정치풍토도 어지럽기만 했다. 회고록을 쓰던 시점에는 초법적인 삼선개헌을 통해 종신집권의 길을 열고 국가기관을 사유화하는 독재자가 그와 같은 하늘 아래 있었다. 요컨대 조국은 늘 훼손되고 오염된 상태를 벗어나지 못했다. 대체 이상적인 조국이란 얼마나 먼 곳에 있는 것인가.

이에 장준하는 고통 속에서도 돌베개를 찾던 마음을, 보다 정확히 말하자면 극한의 조건 속에서도 희망을 포기하지 않았던 숭고한 열정을 소환하고 있는 것이다. 거친 중원을 횡단하는 생명을 건 걷기란 이 대목에서 스스로 선택한 소명을 완수하는 일에 평생을 바친 이들, 장준하나 백범 김구 같은 이들의 생애와 겹쳐진다. 다시 말해 이들의 삶은 도달이 요원한 이상을 향해 묵묵히 걸어간 궤적이며 중요한 것은 지치지 않으려는 마음이다. 지치지 않는 마음이 아니다. 지쳤지만 지치지 않겠다는 간절함이 필요하다. 이상적인 조국이란 그 간절한 마음속에만 존재하며 현실은 다만 그 마음에 닿으려는 고단한 여정으로만 재현되는 것일 수 있다.

　2024년 여름, 공적 가치는 물론이고 최소한의 상식과 염치조차 무너져 '이게 나라냐'는 탄식이 절로 터져 나오는 요즘이다. 그러나 이 탄식이 단순한 푸념이 아니며, 그 안에 담긴 염려가 어느 순간 세상을 바꾸는 힘으로 전화했던 순간을 우리는 이미 지켜본 바 있다. 『돌베개』가 이미 알려준 바, 이상은 그것을 열망하는 마음이 존재하는 한에서만 실체화의 가능성을 갖는다. 유신 전야에 회고록을 한줄씩 써나갔던 저 영원한 청년의 마음이 새삼 묵직하게 와닿는 밤이다.

지금, 한국사회에서 공산주의를 다시 말할 수 있을까

문미라, 서울시립대 국사학과 교수

『한국 공산주의운동사』
로버트 스칼라피노·이정식, 한홍구 옮김

2025년 4월 17일, 서울 서대문형무소 역사관에서 '항일혁명 조선공산당 100주년 기념식'이 열렸다. 이 행사는 오랫동안 '죽은 역사'로 묻혀 있던 조선공산당 출신 독립운동가들의 역사적 복권을 촉구하는 자리였다. 기념식장 주변에는 극우 유튜버와 시위대가 모여들어 일촉즉발의 상황을 연출하기도 했다. 그들은 이 기념식이 항일을 고리로 대한민국의 정통성을 부정하는 북한의 '주체 역사관'과 똑같다며 거리낌 없는 적대감을 드러냈다.

이 장면은 조선공산당 창당 100주년을 맞는 한국사회에서 공산주의가 어떻게 소환되고 호명되는지를 상징적으로 보여준다. 분단과 냉전의 시간이 길어질수록 공산주의와 공산주의운동에 대한 정치적 오용이 반복되었고, 이 과정에서 공산주의는 역사적 맥락이나 이념적 복잡성이 제거된 채 단순히 '반국가적', '비도덕적' 사상의 상징으로 소비되었다. 그 결과 공산주의는 그 사상적 유산으로 성찰되기보다는 여전히 혐오의 레토릭으로 기능하고 있다.

이처럼 공산주의가 적대와 낙인의 언어로 기능하게 된 오늘의 현실은, 오히려 공산주의의 실제 역사를 복원하고 성찰해야 할 필요성을 제기한다. 로버트 스칼라피노(Robert A. Scalapino)와 이정식의 『한국 공산주의운동사』(돌베개 초판 1986, 개정판 2015)는 바로 그러한 역사적 궤적을 방대한 자료와 이론적 틀을 통해 정리한 최초이자 가장 포괄적인 연구 중 하나다. 한국 공산주의운동의 발생, 분열, 실패 그리고 북한체제의 형성까지를 촘촘하게 추적한 이 책은 한반도에서 공산주의의 탄생과 좌절, 이념의 변형, 분단과 냉전의 내적 기원을 재조명할 수 있게 해준다. 나아가 2025년, 이 책을 다시 읽는 일은 단지 과거를 들여다보는 행위가 아니다. 이 책이 우리가 이념, 분단, 역사 인식 등을 둘러싸고 어떤 언어를 사용할 것인가를 질문하는 출발점이 될 수 있기 때문이다.

이 책의 가장 큰 미덕은 한국 공산주의운동을 한 시대를 통과한 사람들의 사상과 실천, 조직과 권력투쟁의 실체로서 접근했다는 점이다. 식민지 조선에서 공산주의자들은 반복된 분열과 탄압 속에서도 제국주의와 계급모순에 맞서 대안을 모색했다. 이 과정에서 민족해방운동과 사회주의가 결합하기도 하고, 엘리뜨 중심의 계몽과 대중 조직화 사이에서 충돌이 일어나기도 했다. 저자들은 이 복잡한 운동의 흐름을 단순화하지 않는다. 공산주의운동 내부의 이념갈등, 국제 공산주의운동과의 관계, 민족주의와의 결합, 식민지 말기 조직 붕괴 등을 세밀하게 추적하면서 역사적 운동의 내재적 동력과 구조적 제약을 동시에 그려낸다. 특히 한국 공산주의

운동이 단순히 소련의 영향을 받은 것이 아니라 식민지 현실 속에서 민족해방, 사회개혁, 지식인의 이상이 충돌하며 만들어낸 복합적 정치운동이었음을 강조한다. 다시 말해, 이 책은 운동으로서의 공산주의가 어떻게 조직되고, 억압받고, 변화했는지를 입체적으로 드러내는 기록이다. 따라서 이 책을 어떻게 읽느냐에 따라 그것은 '이념의 실패'를 입증하는 도구가 될 수도 있고 '잊힌 가능성'을 복원하는 단서가 될 수도 있다.

이 책은 1972년 미국에서 먼저 출판되었다. 저자들은 미국 정부의 대(對) 아시아 정책에 협력하며 연구를 진행하였고 미국의 대학 내 연구소뿐 아니라 포드재단, 록펠러재단 등의 지원을 받았다. 즉, 이 책은 냉전이라는 세계질서와 미국이라는 지식권력의 결합 속에서 탄생한 냉전 지식의 산물이라고 할 수 있다. "소련의 힘을 빌려 아시아에서 가장 보수적인 사회 중 하나인 북한에 공산정권이 들어서게 된 것"(개정판 587면)이라는 문장은 이를 단적으로 보여준다. 북한 정부의 수립이 소련의 '후견'으로 비로소 가능했다는 것이다. 해방 직후 남한 공산주의운동의 다양성과 대중적 기반, 노동·농민 운동의 자발성을 충분히 분석하지 않고 분열과 와해, 실패 서사에 집중한 것도 같은 맥락이다.

무엇보다 큰 한계는 이 책이 김일성의 권력 장악 과정을 파벌투쟁에만 초점을 맞추어 서술하고 있다는 점이다. 물론 해방 후 북한 권력구조가 다원적 세력 간의 경쟁과 숙청의 과정이었음은 부인할 수 없다. 그러나 이 책은 이 파벌투쟁을 단지 권력 헤게모니 투쟁으로만 파악했을 뿐 그 배경에 자리한 국제정세의 변화와 이에

조응한 북한 내부의 이념적 논쟁 및 전략적 고민에 관심을 기울이지 않았다. 예컨대 스탈린 사망 이후 소련 내 개인숭배 비판, 중소분쟁 등은 북한 지도부에 체제의 정당화 방식과 외교노선을 둘러싼 실천적 고민을 요구하는 결정적인 변수였다. 민족자주의 강조, 자력갱생, 주체사상의 정식화는 모두 이러한 국제질서의 균열 속에 형성된 것이었다. 그러나 이 책은 이같은 맥락을 놓친 채 김일성으로의 권력집중을 국내정치의 배제와 숙청의 결과로만 다루고 있다.

그럼에도 불구하고 이 책은 냉전시기 미국학계가 북한, 나아가 아시아 공산주의를 어떻게 이해하고 해석했는지를 보여주는 하나의 사료라는 점에서 또다른 차원의 '역사성'을 가진다. 이런 점에서 이 책은 단지 20세기 한국 공산주의운동의 역사와 북한체제 성립사를 이해하기 위한 텍스트에 머물지 않는다. 이 책은 냉전기 미국이라는 시공간적·이념적 조건 속에서 어떤 지식이 생산되었고, 무엇이 말해지고 말해지지 않는지를 보여주는 일종의 거울과도 같은 역할을 한다. 바꾸어 말하면, 이 책은 냉전과 반공 담론 아래 '공산주의'나 '북한'을 어떤 언어로 이해해왔는지, 어떤 개념은 정당한 설명의 도구로 수용되었고 또 어떤 맥락은 소거되었는지를 비춰주는 반사면이라고 할 수 있을 것이다.

계엄 선포의 명분과 내란의 정당성을 확보하기 위해 '북한 공산세력의 위협', '종북 반국가세력'이라는 언어가 동원되는 오늘날 한국사회에서 우리는 어떤 방식으로 '공산주의'와 '북한'을 말할 수 있을까? 이 책은 그에 대한 '정답'을 제시하진 않지만 적어

도 공산주의가 정치적 공격의 무기가 아니라 역사적 사유의 대상
이 되어야 하며 분단과 냉전을 넘어 보다 성숙한 역사인식의 가능
성을 열어야 한다는 점을 환기한다. 더불어 강고한 이념의 틀에 갇
혀 지워졌던 다양한 역사적 가능성과 해석의 층위를 복원할 필요
가 있음을 일깨운다. 그렇기에 이 책의 의미는 여전히 현재적이다.

　　　　　　　　　　　　

2부
역사의 갈림길에서 세계를 보다

박멸, 추방, 혐오 그리고 '핵심현장'

김항, 연세대 문화인류학과 교수

『핵심현장에서 동아시아를 다시 묻다』
백영서

지난 세기 전환기에 역사 이해, 미래 전망 그리고 현재 진단을 위한 지식의 지각변동을 이끈 몇가지 키워드가 있었다. 그중 하나로 '동아시아'를 꼽는 데에 이견은 없으리라 생각한다. 소련 해체와 냉전체제 붕괴는 2차 세계대전 이후의 국제질서에 균열을 가져왔고, 그와 연동하여 19세기 이래의 제국주의와 식민주의의 역사에 대한 발본적 성찰을 촉구했다. '동아시아'는 이 균열과 성찰의 틈새에서 등장했으며, 이미 언제나 지리적 개념을 훌쩍 뛰어넘는 복합적이고 중층적인 의미를 내포한 채 인구에 회자되었다. 서로를 상처 입히며 전개된 근대화 과정에 대한 역사적 성찰, 냉전적 대결이 아니라 화합과 평화를 향한 미래 질서의 규범적 기초 그리고 경제성장에 힘입어 확대된 지역 내 사람과 사물의 현재적 네트워크, '동아시아'는 이 모든 것을 담아내는 야심 찬 기표였던 셈이다.

  '동아시아'가 담아내야만 했던 성찰과 기대와 분석을 하나의 기획이라 말할 수 있다면, 시종일관 그 한가운데서 고군분투했던 백영서란 이름을 떠올리는 것은 자연스러운 일일 것이다. 『동아시아의 귀환: 중국의 근대성을 묻는다』(창비 2000)로 닻을 올린 본격적인 동아시아론은 『핵심현장에서 동아시아를 다시 묻다』(창비 2013)를 거쳐 『동아시아담론의 계보와 미래』(나남출판 2022)까지 현재진행형으로 전개 중이다. 같은 시기 "사회적 의제와 학술적 의제의 상호 전유"라는 '사회인문학' 또한 동아시아론과 뗄 수 없는 지적 기획이었음도 기억에 새롭다. 물론 세기 전환기에 시작되어 20여년 동안 전개된 이러한 백영서의 지적 기획이 오롯이 그만의 몫은 아니다. 그야말로 동에 번쩍 서에 번쩍이었던 그의 21세기는 동아시아론이 한 개인의 치열함과 성실과 혜안의 산물이라기보다는 많은 이들의 손과 발과 마음이 쌓아올린 집단지성의 구현임을 증좌하는 행보였기 때문이다.

  그래서 백영서의 저서 한권을 꼽으라면 『핵심현장에서 동아시아를 다시 묻다』(이하 『핵심현장』)를 집어들게 된다. 이 책은 백영서의 저서이지만 백영서만의 것은 아니며, 한권의 책이지만 그 자체로 완결된 저서가 아니다. 이미 첫장에서부터 명료하게 드러나듯 『핵심현장』은 수많은 이들과의 오랜 시간에 걸친 연대와 대화와 우정의 산물이기 때문이며 여러 논의가 하나의 결론을 향해가기보다는 마치 바통을 넘겨주기라도 하는 듯 누군가의 또다른 이야기를 예감케 하기 때문이다. '핵심현장'이 '동아시아'라는 야심 찬 기표를 실천화하는 개념인 까닭이 여기에 있다. '핵심현장'

은 한반도, 대만, 오끼나와 등 제국주의와 식민주의가 폭력으로 유린한 구체적 지역임과 동시에, 그런 현장을 발로 오가며 손으로 쓰다듬고 마음으로 성찰하는 가운데 가시화되는 실천적 공유지인 것이다.

하지만 『핵심현장』을 집어든 데에는 다른 이유도 있다. 2013년에 출간된 이 저서를 정점으로 동아시아론이 서서히 식어갔기 때문이다. 동아시아 논의가 현저하게 줄었고 인적 네트워크의 활발한 교류도 뜸해졌다. 여러 요인을 떠올릴 수 있다. 백영서를 비롯한 동세대 동아시아 지식인들의 대학 및 저널 일선에서의 은퇴, 장기화된 코로나 사태로 인한 직접 교류의 원천적 차단과 단절 그리고 각 지역/국가의 정치상황 변화 등 여러 요인으로 인해 2010년대 이후 '동아시아'는 과거, 현재, 미래를 전유하는 하나의 복합적 기획으로서는 예전만큼 활발히 논의되지 않고 있다. 이 책이 전하려 한 바통을 어디에 떨어트렸을까? 아쉽게도 아직 정확한 분실 지점을 찾지는 못했지만 한가지만은 확실하다. 바통을 잃어버린 것이 앞에서 말한 요인 때문만은 아니라는 사실이 그것이다.

'동아시아' 기획이 한창일 때, 동아시아에서는 새로운 정치적 분열 또한 가시화되었다. 그것은 혐오라는 물결이었다. 난민, 외국인, 여성, 퀴어집단 등 이른바 마이너리티에 대한 노골적 배척과 증오가 거리에서 표출된 것은 새로운 현상이었다. 물론 각 지역과 국가마다 표출의 양상은 상이했지만, 냉전체제 아래에서의 레드 포비아와는 질적으로 다른 정치적 분열이 증폭한 것이다. 그 배경을 여기서 상세히 분석할 수는 없지만 이러한 혐오의 표출이 역사

기억을 둘러싼 쟁투의 결과임은 확인해두어야 한다. 미국 주도의 안보전략 아래 억압되었던 침략전쟁과 식민지배의 기억은 세기 전환기에 새로운 역사 정의를 요청했다. 이에 따라 각 지역과 국가의 정치적 정체성 또한 성찰되어야만 했다. 어떤 공동체에 귀속된다는 사실은 다른 공동체에 대한 역사적 폭력을 전제할 수밖에 없었고, 이에 대한 직시와 성찰 없이 정치적 정체성의 안정은 불가능했던 셈이다. 그런데 이런 성찰의 요청은 2000년대 들어 혐오의 물결을 추동하게 된다.

자신의 정치적 정체성이 타자에 대한 역사적 폭력에서 기원함을 직시하는 일, 그것은 고도의 윤리적이고 역사적인 성찰을 요청한다. 그런 어려움을 회피하려는 비겁에서 정치적 정체성은 극단적인 역사 수정주의와 정치적 포퓰리즘을 통과하여 위생적인 국민 신화에 의존하게 된다. '동아시아' 기획은 이런 신화 앞에서 위협받고 있다. 성찰을 거부함과 동시에 그 윤리적 힘을 마이너리티에 대한 폭력으로 전유하는 혐오의 물결로 '핵심현장'에 새겨진 역사의 상흔은 씻겨 나가버린 셈이다.

『핵심현장』을 다시 펼치며 그간의 사태를 떠올려본다. 박멸과 추방을 외치는 이들에게 '핵심현장'은 어디일까? 거리에서뿐만 아니라 의회에도 자리 잡은 혐오의 물결 앞에서 '동아시아'는 과연 과거, 현재, 미래에 대한 성찰, 분석, 전망을 위한 지적 공유지를 재생시킬 수 있을까? 답은 저자가 아니라 그의 바통을 잃어버린 이들의 몫일 터이다. 그래서 다시 한번 『핵심현장』을 펼친다. 이 책은 무엇보다도 '연동하는 동아시아'라는 발상의 중요성을 깨

　　　　　　　　　2부 | 역사의 갈림길에서 세계를 보다

닫게 한다. 이때 연동은 단순히 동아시아 내 각 지역이 얽혀 있다는 뜻이 아니라, 어느 지역에 초점을 맞추더라도 이미 언제나 다른 지역과의 중층적 관계 속에서 사고해야 한다는 인식 방법이다. '핵심현장'이란 그 연동의 방법을 가장 강렬하고 압축적으로 실천한 산물이기에 '지적 공유지'가 될 수 있다. 백영서는 1부에서 '동아시아' 기획의 20년을 되돌아보고 '지적 공유지' 생산을 위한 실천 과제를 제시한 뒤, 2부에서는 '주변에서 본 중국'이란 주제 아래 중국의 역사, 현재, 미래를 '핵심현장'으로 전유한다. '동아시아' 기획이 어딘가에 잃어버렸던 바통은 이 책에서 백영서가 던졌던 여러 갈래의 물음들을 숙고할 때 다시 발견될 수 있을 것이다.

공존의 대안을 어디서 찾을까

정욱식, 한겨레평화연구소 소장/평화네트워크 대표

『팔레스타인 100년 전쟁: 정착민 식민주의와 저항의 역사, 1917-2017』
라시드 할리디, 유강은 옮김

나는 2023년 10월 7일 팔레스타인 정파인 하마스의 기습적이고 야만적인 이스라엘 공격과 이스라엘의 대학살극을 방불케 하는 보복 전쟁이 벌어지기 전까지는 중동 정세가 많이 안정화되어 있는 줄 알았다. 미국의 중재로 이스라엘이 2020년에 바레인 및 아랍에미레이트와 정식 수교를 맺었고, 올해 3월에는 중국의 중재로 이란과 사우디아라비아가 관계 정상화에 합의했다. 또 9월 들어서는 이스라엘과 사우디의 국교 수립이 초읽기에 들어갔고, 9월 말에는 백악관 안보보좌관인 제이크 설리번(Jake Sullivan)이 "중동 지역은 지난 20년보다 오늘날 더 조용하다"고 말한 뉴스도 접했다. 그래서 이스라엘-팔레스타인 전쟁은 필자에게도 큰 충격으로 다가왔다. 그만큼 필자 역시 미국 등 서방 언론과 이를 베껴쓰기에 바쁜 국내 언론에 물들어 있었고, 또 이-팔 분쟁에 무지했던 셈이다.

때마침 "최근 이스라엘-팔레스타인 분쟁 관련해 책 한권을 선정해 글을 써달라"는 청탁을 받고 주변 지인들에게 물어봤다. '이-팔 분쟁의 기원과 본질을 깊이있게 다룬 책을 소개해달라'고 말이다. 소개받은 책은 라시드 할리디(Rashid Khalidi)가 쓴 『팔레스타인 100년 전쟁』(열린책들 2021)이었다. 미국의 외교전문지 『포린어페어즈』(*Foreign Affairs*)도 강력히 추천한 책이다. 국제적으로 인정받는 역작이라는 느낌이 들어 책장을 넘기기 시작했다.

저자의 이력부터 시선을 사로잡았다. 대대로 고위직을 배출한 팔레스타인 가문의 후손, 팔레스타인의 비극에 가장 큰 책임이 있는 미국과 영국에서 자라고 공부하면서 품었을 이들 나라에 대한 양가감정, 팔레스타인 문제해결에 무능했던 유엔에 근무한 아버지로부터의 영향, 유엔 한국통일부흥위원회 수석 총무를 맡았던 아버지를 따라 한국에서 보낸 3년간(1962~1965)의 생활 등이 그러했다. 이러한 이력이 말해주듯 할리디는 가문이 보관해온 방대한 자료와 본인을 포함한 친족의 경험, 그리고 학자로서 축적해온 학문적 성과를 책에 녹여냈다. 특히 그가 한국어판 서문에 쓴 것처럼, 한국인 역시 식민지배와 분할, 그리고 전쟁을 경험했기에 이 책의 울림은 크게 다가왔다.

하지만 결정적인 차이도 있다. 제국의 식민지 경험이 대개 그러했듯이 일제는 조선인을 수탈과 차별, 그리고 동화의 대상으로 삼았다. 반면 시오니즘을 앞세운 이스라엘은 팔레스타인에 거주하던 아랍계 주민을 축출과 제거의 대상으로 삼았다. 할리디가 이를 '정착민 식민주의'라고 규정한 까닭이다. 또 우리의 해방과 국가

건설 과정은 2차 세계대전 이후 본격화된 탈식민주의와 궤를 같이 했다. 그러나 이스라엘의 정착민 식민주의는 2차 세계대전 승전국들의 비호하에 탈식민주의라는 세계적 흐름과 정반대로 진행됐다. 무엇보다도 탈식민주의 시대의 많은 민족들이 국제사회에서 존재를 인정받았던 반면에, 팔레스타인인들은 없는 존재처럼 취급받았다. 할리디는 팔레스타인의 비극을 이 지점에서 찾는다.

그 시발점은 그가 팔레스타인 100년 전쟁의 시발점으로 잡은 1917년이었다. 그해에 영국이 벨푸어 선언을 통해 팔레스타인에 유대인 국가 건설을 약속했는데, 이러한 결정을 하면서 정작 94퍼센트에 달했던 팔레스타인 거주 아랍계 주민들의 의사를 묻지 않았다. 그 이후 이스라엘 건국과 뒤이은 여러차례 중동 전쟁 과정에서도, 유엔 안전보장이사회의 결의 채택 과정에서도 팔레스타인은 없는 존재처럼 간주되었다. 늘 그런 것은 아니었다. 국제사회에서 팔레스타인 존재의 부각은 팔레스타인이 저항에 나서고 이스라엘이 무자비하게 진압·살해·축출하면서 막대한 피를 흘릴 때 비로소 이뤄졌다. 저자는 이를 '6번의 선전포고'라고 표현했는데, 포연이 가라앉을 때마다 이-팔 분쟁에 대한 국제사회의 관심 역시 차갑게 식곤 했다.

할리디는 1917~2017년을 팔레스타인의 한 세기로 구분한다. 그렇다면 100년 전쟁 이후 다음 세기에 대한 그의 전망은 어땠을까? 그는 "두 번째 세기는 팔레스타인 문제에 대한 새롭고 한층 더 파괴적인 접근법으로 특정지어질 것"이라며 "미국이 이스라엘, 그리고 페르시아만의 절대왕정에서 새롭게 발견한 우방들과 긴밀

　　　　　2부 | 역사의 갈림길에서 세계를 보다

하게 협조할 것”이라는 데에서 이유를 찾았다. 실제로 트럼프 행정부는 유엔 안보리 결의를 어기고 예루살렘을 이스라엘의 수도로 인정했고 정착촌 확대도 묵인했다. 또 앞서 소개한 것처럼 중동의 친미 국가들과 이스라엘의 수교를 중재했고, 이스라엘에 대한 무기 원조도 크게 늘렸다.

전쟁, 좀더 정확히 말하면 학살도 계속되고 있었다. 2022년에는 팔레스타인 주민 204명이, 2023년에는 9월까지 230명이 이스라엘군과 유대정착민의 폭력에 목숨을 잃었다. 또 1,264명이 행정구금 상태에 있었다. 가자지구는 2006년부터 사실상 전면적으로 봉쇄되면서 ‘세계에서 인구 밀도가 가장 높은데 세계에서 가장 큰 감옥’이 되어갔다. 10월 7일 하마스의 공격은 이러한 이스라엘의 국가테러에 대한 보복 테러의 성격을 띠고 있었던 셈이다. 정당화될 수는 없는 전쟁범죄에 해당되지만 말이다.

저자는 무기력과 특권 및 부패로 얼룩진 팔레스타인 해방기구의 외교노선도, 이스라엘의 민간인까지도 표적에 넣은 하마스의 무장투쟁도 답이 아니라고 말한다. 또 미국이 항상 이스라엘의 편을 들었던 것도 아니었고, 그렇다고 미국을 이-팔 분쟁의 공정한 중재자로 간주하는 것도 근본적인 한계가 있다고 일갈한다. 100년 전쟁을 돌아보면, 미국 정부와 의회는 자신의 전략적 이해관계와 선거에 미칠 영향을 우선시해왔다는 것이다. 아랍계 미국인이 선거에 미치는 영향이 유대계 미국인보다 현격하게 낮고, 미국이 이스라엘과 중동의 여러 독재국가를 친미로 만든 상황에서 팔레스타인에 전략적 가치를 부여할 동기도 작았다는 것이다.

그렇다면 희망의 근거는 있는 것일까? 할리디는 이스라엘 주류의 시오니즘과 팔레스타인의 저항을 상수로 두면서도 몇가지 희망의 근거가 있다고 썼다. 아랍인들 다수가 '팔레스타인의 대의'를 가슴에 품고 있고 이에 동감하는 세계인들이 늘어나고 있다는 점, 미국 내에서도 맹목적인 이스라엘 비호와 지원에 대한 비판이 커지고 있다는 점, 세계정세가 미국 단극체제에서 다극화로 이동하고 있는 와중에 중국, 인도, 러시아 등이 '두 국가 모델'을 지지하고 있다는 점 등이 바로 그것들이다. 저자는 이에 근거해 미국에 의존적이었던 팔레스타인의 외교 노선과 반작용을 일으켰던 하마스의 무장투쟁부터 청산해야 한다고 역설한다. 이를 통해 팔레스타인 내부의 화해와 협력을 도모하고 공존을 선호하는 이스라엘인들과의 연대와 외교노선의 다변화를 통해 이-팔이 평화적이고 평등하게 공존할 수 있는 대안을 만들어나가야 한다고 호소한다.

지구화된 21세기의 혐오와 폭력 이해하기

김도혜, 덕성여대 문화인류학전공 교수

『고삐 풀린 현대성』
아르준 아파두라이, 채호석 외 옮김

1996년 미국에서 출판된 『고삐 풀린 현대성』(현실문화 2004)은 인류학자 아르준 아파두라이(Arjun Appadurai)가 냉전체제 이후 본격화된 세계화(globalization) 현상이 만들어내는 문화적 차원(cultural dimensions)에 대해 분석한 에세이다. 이 책은 미국에서 출판된 이래 여러 언어로 번역되며 사회과학 연구에서 '풍경,' '정경,' 혹은 '스케이프'(scapes)라는 개념을 유행시켰다. 이 책을 처음부터 끝까지 정독하지는 않았어도 '에스노 스케이프'나 '미디어 스케이프'와 같은 개념은 들어본 사람이 적지 않을 것이다. 아파두라이가 이 책을 발간한 1990년대 후반은 냉전체제 종식으로 그간 이념논쟁 아래 묻혀 있던 민족간 갈등문제가 수면으로 떠오르던 시기였다. 또 이념갈등으로 높아져 있던 국가간 장벽이 낮아지고 교통, 정보기술의 발달로 사람을 포함한 다양한 (비)물질의 초국적 이동이 자유로워지면서 이렇게 새로이 재편되는 삶의 질서를 이해할 분석적 틀을 필요로 하던 때였다.

아파두라이의 책은 당시 '세계화'로 통칭되어 불리던 이와 같은 현상을 경제적 측면이나 국제질서 측면이 아닌, '문화적' 측면에서 읽어낸 글이다. 이때 아파두라이가 지적한, 문화적 차원의 가장 중요한 특징은 인간의 이동과 미디어의 중재로 이루어지는 정보의 이동이다. 기존 국민국가의 경계를 벗어나는 인간과 정보의 탈영토적 이동은 수많은 이산(diaspora)을 만들어내며, 과거에는 없던 새로운 삶을 살아나가기 위해 이산된 개인은 '상상력'을 통해 서로 연결되며 탈영토적 집단을 구성한다는 것이다. 이 책 제목에 붙은, '고삐 풀린'(at large)이라는 말은 이처럼 새롭게 등장한 인간, 정보, 돈, 기술, 이념의 흐름이 국민국가를 비롯한 기존의 사회질서 체계를 가로지르며 "복합적이고 중층적이며 탈구적인 질서"를 만들어낸다는 아파두라이의 분석을 적절히 따르는 개념인 셈이다.

이 책은 하나의 통일된 이야기 흐름을 지니기보다는 '현대성'의 문화적 측면을 중요한 질문들을 통해 탐구하는 글에 가깝다. 이를테면, 현대성이 일종의 '단절'이라면 무엇과의 단절이며 어떤 단절인가(1장), 탈구적 질서를 만들어내는 전지구적 문화 흐름에는 어떤 것들이 있는가(2장), 더이상 지역으로 구획되지 않는 '민족'이라는 단위, 그리고 그들의 집단 정체성에 대한 연구를 인류학은 앞으로 어떻게 수행해야 하는가(3장)와 같은 질문이 그 예이다. 그리고 종국에는 탈영토화, 탈민족화된 세계에서 '지역성'은 무엇을 의미하는가와 국민국가는 어떤 미래를 맞이할 것인가에 대한 대답으로 책은 끝을 맺는다. 아파두라이의 해답은 질문만큼 명쾌하지 않고 읽어내기에 여간 까다로운 것이 아니다. 하지만 애초에 아파두라이가 말하고자 하는 바는 '명쾌함'이 아닐 것이다. 오히려 민족과 국가가 '상상의 공동체'여서 본질적으로 불안정한 속성을 지니고 있듯이 지역(성)이라는 범주 역시 근본적으로 관계적이고 맥락적이라는 것, 그 때문에 개인 혹은 집단의 정체성 역시 불변하는 '토대'를 바탕으로 형성되는 것이 아니라 서로간의 마주침을 통해 상상되고 생산되며 유지되는 것이라는 점을 책 전반을 통해 보여주고 있다.

이미 지난 사반세기 이상 지구화가 진행된 오늘날 이 책은 어떤 함의를 지닐 것인가. 기존에 이 책은 아파두라이가 제시한 스케이프 개념과 탈영토화 개념이 세계화의 문화적 측면을 제대로 분석하고 있다는 점에서 유명세를 탔지만, 지금은 이 책의 다른 장이 주목을 받아야 할 때라고 생각한다. 바로 '원초주의 이후의 삶'으로 번역된 7장인데, 여기서 아파두라이는 지구화시대에 오히려 강화되는 민족주의와 근본주의의 움직임에 주목하며 이것이 만들어내는 폭력에 집중한다. 민족주의로 인한 국민국가 내 갈등이 '저개발'의 증거기 때문에 이 시기를 거치면 서구식 민주주의로 발전할 것이라는 계몽주의적 가정이나 특정 민족 혹은 종교 집단이 갈등의 씨앗을 태생적으로 가지고 있다는 원초주의적(primordialistic) 믿음에 반대하며 아파두라이는 정확히 반대의 주장을 전개한다. 민족적 갈등은 인간 내면에서 생겨나는 것이 아니라 "거대 사건들이 지역성에 대한 담론과 서사 속으로 유입"(264면)되어 집단 구성원의 감정의 정치학을 만들어낸다는 것이다. 전혀 상관없을 것 같은 사건을 '우리'와 '타자'의 이야기로 환원시키며 지역 내부의 문제로 유입시키는 것에는 대중매체로 촉발되는 이야기, 루머들이 자리 잡고 있다고 아파두라이는 지적한다. 그리고 이런 이야기들로 만들어진 감정의 구조가 "이웃을 악귀로, 가게 주인을 반역자로" 간주하는 것을 가능케 한다는 것이다.

인간의 내면에서 갈등이 시작되는 것이 아니라, 외부의 여러 사건이 지역의 정치와 결합하여 감정의 구조를 만들어내고 그것이 분노와 폭력으로 표현된다는 아파두라이의 분석은 오늘날 타자에 대한 혐오와 폭력의 속성을 드러내는 중요한 분석이다. 심지어 지금은 1990년대 말에는 상상조차 못했던, 각종 소셜미디어의 범람으로 정보의 진위를 알기조차 어려운 시대이기 때문에 루머의 허황됨이, 그리고 그것의 파장이 훨씬 크고 강력하다. 그럼에도 이 모든 갈등이 인간 내면에서 비롯된 것이 아니라는 아파두라이의 분석에 집중할 필요가 있다. 인간 내면에 갈등의 씨앗이 있는 것이 아니라는 것, 즉 나와 타자의 내면적 차이가 갈등의 원인이 아니라는 점을 인식하는 것이 혐오와 폭력의 시대를 슬기롭게 헤쳐나갈 수 있는 첫 단추이기도 하기 때문이다.

이와 더불어 탈영토화 시대를 국민국가 위기로 규정하며 국민국가가 하는 민주주의 사수와 인권의 옹호, 소수자 보호와 같은 일을 누가 맡게 될 것인가에 대한 우려를 아파두라이가 책 곳곳에서 하고 있다는 점에도 관심을 기울일 필요가 있다. 이 책이 미국에서 발간된 지 약 30년이 지난 지금, 아파두라이의 우려는 이미 현실이 되어 국민국가는 '파업'을 선언한 것만 같다. 국가가 반지성주의의 기치를 내세우며 이민자를 포함한 소수자 억압의 행태를 보이는 일이 발생하고 있기 때문이다. 아파두라이의 책이 대안을 이야기하고 있지는 않지만, 이 책을 통해 국민국가가 (명목상일지라도) 하려고 했었고 해야만 했던 일을 다시 한번 상기하는 것도 오늘날 이 책이 필요한 이유일 것이다.

'권리를 가질 권리'와 평화의 조건

김은주, 철학연구자

『전체주의의 기원』

한나 아렌트, 박미애·이진우 옮김

'정치적 인간이란 무엇인가'라는 질문을 가장 근본적으로 탐구한 철학자인 한나 아렌트(Hannah Arendt)는 인간이 어떻게 함께 살아가고 세계를 구성할 수 있는지를 물어온 20세기 정치철학을 대표하는 사상가이다.

아렌트에게 인간은 타인과 함께 새로운 세계를 창조하고 지속시킬 수 있는 존재이다. 인간의 존엄은 타인과 더불어 말하고 행위함으로써 세계를 구성할 수 있는 능력에서 비롯하며, 그러한 행위가 가능하기 위해서는 인간들이 함께 만날 수 있는 공적 공간이 필요하다. 아렌트가 폴리스(polis)라고 부른 이 공간은 인간이 폭력에 의존하지 않고 상호인정을 통해 공통의 세계를 형성할 수 있는 장소이자 인간의 자유가 구체화되는 정치적 기반이었다. 이러한 폴리스는 단순한 제도나 도시국가를 의미하지 않고 인간이 서로를 인식하고 대화하며 공동의 세계를 지속적으로 재구성할 수 있게 하는 평화의 공간이다.

그럼에도 불구하고 아렌트의 폴리스 개념은 한계를 내포하고 있다. 폴리스는 인간의 복수성(plurality)을 전제로 하지만, 동시에 그 복수성의 경계를 설정하는 제도적 틀 속에서 작동한다. 다시 말해, 말하고 행위할 수 있는 자와 그렇지 못한 자를 구분하는 순간 폴리스는 평등의 공간이 아니라 배제의 공간으로 변한다. 고대의 폴리스가 여성, 노예, 외국인을 공적 행위의 주체로 인정하지 않았듯이 아렌트의 폴리스 역시 여전히 '함께 행위할 수 있는 자'의 범위 안에서만 정의된다. 이는 아렌트가 복수성을 인간 조건의 핵심으로 제시하면서도 실제로는 복수성 속의 이질적 타자를 수용할 구체적 방안을 제시하지 못한 점에서 드러난다. 폴리스는 인간의 자유를 실현하는 동시에 그 자유를 제한하는 제도적 장치로 기능하며, 결국 그 안에서 평화는 불완전한 형태로만 유지된다.

이러한 한계에 대한 자각은 아렌트 자신의 사유 속에서도 중요한 전환을 불러왔다. 『전체주의의 기원』(초판 한길사 2006, 합본 2017)은 바로 이러한 문제의식에서 출발한 저서이다. 이 책에서 아렌트는 20세기의 정치적 비극이자 지금까지 그 영향이 계속되고 있는 패권주의, 제국주의, 인종주의, 전체주의를 분석하면서 폴리스가 붕괴될 때 세계와 평화가 어떻게 동시에 파괴되는지를 탐구한다. 근대 국민국가는 복수의 인간들이 함께 행위할 수 있는 공간을 제공하기만 한 것이 아니라 주권과 경계, 민족과 혈통에 의해 구획된 폐쇄적 공동체로 작동하기도 했다. 이에 따라 폴리스는 공존의 장소만이 아니라 배제의 체계로 기능하고 무국적자와 난민, 권리

없는 인간들을 양산한다. 나치 치하 프랑스에서 망명자로 바다를
건너 미국으로 이주하며 그 자신이 난민으로 살아온 아렌트는 "국
적 없는 자는 자유에 대한 권리를 잃은 것이 아니라, 행동할 권리
를 박탈당한 자"(532면, 이하 인용은 합본 기준)로 강조한다. 이는 인간
이 세계 속에서 행위할 수 있는 공간이 사라질 때 인권이 더이상
존재하기 힘들다는 사실을 뜻한다. 이러한 상태에서 인간은 더이
상 말을 하거나 행위할 수 없고 그 말과 행위를 기억에 남기기도
쉽지 않으며, 그로부터 필연적으로 폭력이 등장한다. 행동할 장소
를 잃어 행동할 권리를 박탈당할 때 평화는 붕괴의 징후가 또렷해
진다.

아렌트가 『전체주의의 기원』에서 제시한 "권리를 가질 권리
(right to have rights)"(525면)라는 개념은 이러한 사태에 대한 응답
이었다. 인권은 자연적으로 주어지는 속성이 아니라 인간이 함께
행위할 수 있는 정치적 세계가 보장될 때에만 현실적인 의미를 갖
는다. 인권의 역설은 인간이 가장 보호받지 못하는 순간, 즉 국가
와 제도의 경계 바깥으로 밀려난 바로 그때에 드러난다. 국가가 보
장하지 않는 인간의 권리는 실질적으로 존재하지 않으며 인류 전
체의 이름으로 선포된 인권조차도 정치적 공간의 부재 속에서는
공허한 선언에 불과하다.

이러한 아렌트에게서 "지구는 가장 핵심적인 인간의 조건이며,
우주에서 유일한 인간의 거주지"(『인간의 조건』, 한길사 2019, 50~51면)
란 사실 역시 중요하다. 지구는 인간이 함께 행위하고 말할 수 있
는 보편적 폴리스이자 평화를 가능하게 하는 물리적이자 상징적

　　　　2부 | 역사의 갈림길에서 세계를 보다

인 공간이었다. 그러나 동시대에 아렌트의 지구적 폴리스는 위기에 처해 있다. 기후변화, 생태계의 붕괴, 전쟁, 극우의 준동, 기술적 통치의 확산은 인간이 세계를 구성하던 방식을 근본적으로 흔들고 있다. 지구는 더이상 '유일한 거주지'로서의 확신을 제공하지 못하며 인간은 지구 바깥의 달과 화성을 새로운 정치적 공간으로 상상하기 시작했다. 그러나 탈주의 상상은 아렌트가 경고한 '세계로부터의 이탈'의 다른 형태일 수 있다. 아렌트가 경고했듯 인간이 자연과 세계를 완전히 지배하려는 욕망은 결국 인간의 조건 자체를 파괴하며 행위와 기억이 뿌리내릴 정치적 공간, 곧 평화의 장소를 소멸시킨다. 특히, 오늘날의 기후위기는 단지 환경의 문제가 아니라 인간의 세계와 평화의 조건이 붕괴되는 정치적 사건이라는 점에서 그저 지구 바깥으로의 탈주만이 아닌, 다른 방식의 문제화가 필요하다.

이러한 맥락에서 아렌트의 사유는 오늘날 '행성적 평화'(planetary peace)라는 새로운 문제의식으로 확장될 수 있다. 평화는 더이상 인간 사회 내부의 합의나 휴전 상태로만 이해될 수 없으며 행성의 생명계가 지속될 수 있는 조건으로 이해될 필요가 있다. 행성은 인간만의 공간이 아니라 비인간적 존재들과 얽혀 있는 복합적 관계망이며, 평화는 이러한 관계망 속에서 공동의 세계를 유지하려는 실행으로 이해되어야 한다. 평화는 단순히 폭력이 없는 상태가 아니라 인간과 비인간, 생명과 환경이 함께 지속될 수 있도록 세계의 조건을 회복하고 유지하는 행위 그 자체이다. 아렌트의 『전체주의의 기원』은 동시대의 상황과 더불어 평화를 단순한 질서나

안정이 아닌, 세계 속에서 다시 함께 행위할 수 있는 조건의 회복
으로 이해하도록 이끈다.

2부 | 역사의 갈림길에서 세계를 보다

'관계인구'의 시작과 끝은 '지역재생 주체형성'

홍일표, 국회입법조사처 사회문화조사실장

『관계인구의 사회학: 인구감소 시대의 지역재생』
다나카 데루미, 김기홍 옮김

『관계인구의 사회학: 인구감소 시대의 지역재생』(한스하우스 2024)은 베테랑 지역 언론인이자 연구자인 타나까 테루미(田中輝美)가 자신의 박사학위 논문을 고쳐 2021년 오오사까대학에서 출판한 책이다. 농민신문사에서 30년 가까이 일하며 사회학 박사로서 활발한 연구 및 학회 활동을 해오고 있는 김기홍 문화부장의 꼼꼼하고 친절한 번역으로 2024년 1월 한국에 소개되었다. 무척이나 닮은 저자와 역자의 경력과, 이 책이 본래 박사학위 논문을 기반으로 하고 있다는 사실은 독자라면 먼저 알고 있는 게 여러모로 도움이 된다.

저자는 박사학위 논문에 요구되는 학술적 엄밀함과 글쓰기의 제약을 최대한 존중하면서 동시에 그것을 넘어서려 애썼다. 이 책의 사실상 본문에 해당하는 제2부 「관계인구의 다양한 모습」은 잘 훈련된 기자의 르뽀르따주 모음이라 해도 과언이 아니다. 시마네현 아마정의 도젠고교를 되살린 '고교매력화프로젝트', 시마네현 고오쓰시의 셔터거리 상점가 부활, 카가와현 만노오정의 소멸하는 마을에서 안심하며 살아가기에 관한 사례기술은 그 자체만으로 이 책을 읽을 만하게 만든다. (저자가 따로 강조한 바와 같이) '실명'으로 등장하는 인물들과 다양한 사건들로 구성된 사례들을 저자는 '관계인구'와 '지역재생'이라는 두 키워드를 중심으로 흥미롭게 재구성해 소개한다(이처럼 '지역'에서 고군분투하며 새로운 희망을 이끌어낸 이들의 기록은 이미 국내에도 많이 소개되어 있다. 지역문제를 다양한 각도로 다루는 독립 민간 싱크탱크「희망제작소」홈페이지를 한번 둘러볼 만하다).

이 책의 또다른 미덕은 사례에 대한 소개만 아니라 그것을 역사적·개념적·이론적으로 분석하고 설명하는 노력에 결코 소홀하지 않다는 점이다. 사실 개인적으로 이 책 전체에서 가장 흥미로웠던 부분은 제1부「관계인구란 무엇인가」였다. 일본의 지역언론인들에 의해 2016년에 새롭게 생겨난 '관계인구'라는 개념 — 교류인구와 정주인구 사이에서 잠자는 존재(타까하시, 사시데) — 은 채 3년도 되지 않아 일종의 '붐'을 이루었다. 총무성은 2018년부터 아예 '관계인구의 창출사업'을 시범 실시했고, '지방창생'의 방침을 정하는 제2기 '마을·사람·일자리 창생종합전략'에서 관계인구의 창출·확대가 제기되었다. 저자는 이런 흐름에 그저 올라타는 것을 거부했다. '관계인구'의 중요성을 일관되게 주창하면서도 그것과의 긴장감과 거리감을 유지하려 했다. 제1부에서는 '관계인구'라는 개념이 등장하기 이전 일본사회의 '인구감소'의 양상과 원인

　　　　　　　2부 ｜ 역사의 갈림길에서 세계를 보다

분석, 그것에 대한 (정책적) 대응의 역사가 잘 정리되어 있다. 수많은 정책보고서나 관련 서적에서, 그리고 학위논문에서 발견되곤 하는 '선행연구 검토'나 '정책 히스토리' 서술의 무미건조함이나 무성의함과 확연히 구분된다. 충분히 재미있고 의미있다.

타나까 테루미는 '관계인구'를 "인구의 양(量)이 아닌 질(質)적 관점으로 전환"하는 차원에서 접근한다. 그래서 '주체형성(론)'의 문제를 가장 중요하게 다루며, 그것을 미국 정치학자 로버트 퍼트넘(Robert D. Putnam)의 사회관계자본론에 기초해 설명한다. 제3부 「관계인구와 지역재생」은 자신이 앞서 소개한 사례들을 대상으로 이론적 설명을 시도한 저자의 고군분투로 가득하다. 박사학위 논문이었기에 반드시 요구받았을 작업인 셈인데 다소 도식적이고 반복적이라는 느낌을 지우기는 어렵다. 하지만 그러한 단점을 충분히 상쇄할 만큼의 묵직한 질문을 놓치지 않는다.

저자는 언론인이자 연구자인 동시에 지역과 현장을 스스로 바꾸(려)는 활동가의 삶을 살았다고 해도 과언이 아니다. 그런데 현장 활동가라면 결코 피할 수 없는 문제이자 고민은 '주체(형성)'에 관한 것이다. 그것은 시작이자 끝이고, 목표이자 결과이기 때문이다. 그래서 이 책에서 지역재생에 있어 '관계인구'의 역할은 "지역재생의 주체 형성, 창발적 문제해결의 촉진"이라고 명확히 정리된다. 지역재생의 의미도 "주체의 형성과 지역 과제의 해결이라고 하는 과정의 연속"이라 정의된다. 그렇기에 다소 도발적인 주장 즉, "지역의 존속만이 유일하고 절대적인 지역재생의 모습은 아니"며 "오히려 관계인구의 수는 적어도 좋다"고까지 말한다. 지역

주민의 역할은 "관계인구가 관여하는 계기가 되는 '관계여백'을 설정하고, 관계인구와 협동"하는 것이 된다. 이렇게 함으로써 "관계인구와 사회관계자본을 구축하는 과정에서 새로운 지역주민이 주체성을 획득"하게 되기 때문이다.

'관계인구'에 대한 저자의 이러한 관점과 주장은 "관계인구의 양적 증대"에 관심을 갖는 다른 접근들과 명확히 구분된다. 예를 들어 역자 역시 토론회나 인터뷰 기사 등을 통해 '고향사랑기부제'에 주목하며 이는 지역에 대해 관심을 갖고 방문하는 '관계인구'의 증가를 필요로 한다고 지적한다. 2023년 경제·인문사회연구회의 협동연구보고서 『도농상생의 농산어촌 유토피아 실천모델 구현을 위한 관계인구 활용 방안』(정책연구포털 NKIS에서 다운받을 수 있음)에도 '관계인구'의 확대와 활용을 위한 다양한 정책들이 잘 정리되어 있다. 지역의 소멸을 걱정하고 지역의 재생을 목표로 삼는 이들에게 당연한 접근방식이다. 하지만 저자의 관심은 훨씬 근본적이다. 예컨대 이 책의 6장 카가와현 만노정 사례에 등장하는 다구치씨는 목표를 지역의 존속에 두지 않고 있다고 설명하며 "(마을의 존엄사를 지지하는) 소수파"라고 스스로를 소개한다. 저자 역시 "지역의 존폐와 관계없이 (…) 지역주민이나 그런 삶에 질적인 변화가 생겨나고 있다고 하는 측면에 주목하는 것이 중요하다"고 한다. 서늘하기까지 하다. 지역에 대한 열정이 없다면 감히 내놓기 어려운 결론이다.

『관계인구의 사회학』은 훌륭한 저자와 뛰어난 역자 덕분에 비교적 쉽게 읽히는 책이다. 하지만 '인구감소 시대의 지역재생'이

　　　　　2부 ｜ 역사의 갈림길에서 세계를 보다

라는 어려운 문제에 정면으로 부딪힌다는 점에서 결코 쉬운 책은 아니다. 2024년 대한민국에선 '지방소멸'과 '인구절감' '대한민국 소멸' '인구비상사태'라는 등의 극단적 진단이 넘쳐나고 있다. 비록 일본이 먼저였지만 심각성이나 속도·강도 모두 한국이 압도적이다. 최근에는 대통령 직속 저출산고령사회위원회 주도로 각종 저출생 대책들이 계속 발표되고 있고, 필리핀 가사도우미를 필두로 '이민'이 인구대책 일환으로 급속도로 다뤄지고 있다. 대통령 직속 지방시대위원회 역시 균형발전과 지역재생을 위한 대책을 쏟아내고 있다. 이런 상황에서 '관계인구'는 '생활인구'에 더해 한국사회에 도움이 될 개념이자 정책일 수 있다. 일본이나 한국의 유사한 대책과 사례들에 '관계인구'라는 이름을 붙이고, 관련 사업을 새롭게 기획해 일정한 효과를 거둘 수도 있다. 하지만 저자는 "긴 안목으로 본다면 관계인구를 대신해 지역재생에 관한 새로운 지역외부 주체에 대한 용어나 개념도 생겨나올지 모른다"며 책을 마무리한다. 결국 '관계인구'란 '지역재생 주체형성'의 관점에서 다뤄질 때에야 특별히 유용하다는 것을, 저자는 마지막까지 강조한 셈이다.

'중국적인 것'을 어떻게 볼 것인가?

이욱연, 서강대 중국문화학과 교수

『중국사, 어떻게 읽을 것인가: 황허문명부터 중국공산당까지 역사 흐름과 그 특징』
오카모토 다카시, 강진아 옮김

요즘 중국은 '중국적인 것'에 진심이다. 정치적·학술적 차원에서, 심지어는 소비와 문화 트렌드로서 중국적인 것에 관심이 높다. 중국적인 것에 관한 관심은 먼저 중국 학계에서 1990년대 중후반에 시작되었다. 중국적인 것, 범박하게 말해서 중화성(Chineseness)을 근대성을 극복할 대안으로 제기하기 시작했다. 하지만 이때만 해도 주로 인문사회 학술계에서만 논의하였다.

하지만 이제 상황이 달라졌다. 중국공산당이 중국적인 것을 발굴하는 데 앞장서고 있다. 2022년 20차 당대회에서 시진핑 신시대를 선언하면서 중국공산당 당장(黨章)을 개정하여, "중국식 현대화로 중국몽(夢)을 이루는 것이 신시대 중국공산당의 중심 임무"라고 규정하였다. 여기서 중요한 것은 '중국식'이다. 현대화는 새로울 게 없다. 중국은 근대 이후 늘 부강한 현대 중국을 꿈꾸어왔다. 그것이 마오쩌둥 방식이든, 덩샤오핑 방식이든 목표는 같았다. 그런데 이제 그 앞에 '중국식'이라는 수식이 붙었다. 서구식이나 미국식이 아니라 '중국식'으로 현대화를 이루고 과거의 영광을 재현하는 중화의 부흥을 달성하겠다는 것이다. 이렇게 '중국적인 것'에 진심인 최근 중국의 흐름을 중국 밖에서는 부정적으로 본다. 시진핑 체제를 합리화하는 정치적 이데올로기일 뿐이라고 본다. 자유주의 시각이든 맑스주의 시각이든 중국적인 것을 강조하는 것은 근대 보편주의에서 벗어난 중국 예외주의나 중국 특수주의로 보는 것이다.

그런데 중국 밖에서 시진핑 시대 중국과는 다른 맥락으로 '중국적인 것은 있다'라면서 중국적인 것을 발굴하는 학술적 흐름도 있다. 일본의 중국 역사학자 오까모또 타까시(岡本隆司)의 신작 『중국사, 어떻게 읽을 것인가』(투비북스 2023)가 바로 그런 흐름을 보여준다. 일본 아마존 베스트셀러였던 이 책의 원래 제목은 '교양으로서 중국사(教養として中國史)'이다. 저자 오까모또는 일본인은 중국을 모른다는 도전적인 문제 제기로 이 책을 시작한다. 그는 왜 일본은 중국을 모른다고 말하는가? 저자는 일본인이 "자각하지 못하는 사이에 서양의 사고방식에 물들어 있"기 때문이라고 말한다. "(일본인이 — 인용자) 옳다고 믿는 것도, 당연하다고 생각하는 것도, 그리고 민주주의나 자본주의도 원래는 서양의 극히 일부 지역에서 생겨나서 선택된 시스템에 지나지 않"다는 걸 생각하지 못한다는 것이다. 또한 일본인과 중국인이 외양이 비슷한 것에만 주목한 채 "사물에 대한 생각이나 사고 패턴, 행동 기준이나 가치관 등 내면이 크게 다르다"라는 걸 생각하지 않아서 일본인이 중국을 아는 데 실패한다는 것이다.

오늘의 중국을 이해할 때, 중국 밖에서 궁금한 것은 중국에서 중산층이 넓게 형성되는 데도 왜 민주화가 일어나지 않는지, 중국은 왜 하나의 중국에 집착하는지, 왜 중국공산당은 일당집권을 지속할 수 있는지, 정치는 사회주의, 경제는 시장 메커니즘이라는 이중 구조가 어떻게 가능한지 등등이다. 이런 문제는 중국을 이해하기 위한 핵심적인 주제로, 여러 관점에서 이 문제에 답할 수 있다. 예를 들어 중국 민주화 문제의 경우, 중국공산당의 철저한 억압과 통제, 중국인의 민주의식 박약이라는 차원에서 그 답을 찾을 수도 있다.

그런데 오까모또 타까시는 이렇게 서구 근대를 보편으로 전제하고서 답을 찾는 시각으로는 중국을 제대로 이해하지 못한다고 본다. 중국 역사의 구조를, 그 구조가 지닌 서구나 일본과 다른 점을 알아야 중국의 오늘을 제대로 이해할 수 있다는 것이다. 그래서 저자는 이 책의 목표가 "중국의 개성을 분명히 하는 것"이라고 말한다. 중국의 개성을 드러내기 위해서 오까모또는 고대부터 현대까지 중국사에 관한 세세한 정보를 제공하는 것보다는 중국적인 것을, 중국의 구조적 개성을 발굴하고 그 의미를 해설하는 데 중점을 둔다. 이 책이 대중 교양서로 나왔지만 그 넓이와 깊이가 만만치 않은 것은 이 때문이다.

그렇다면 저자가 강조하는 중국의 개성은 무엇인가? 그는 그 대표적인 중국의 개성으로 이원구조를 든다. 외부세계를 화(華)와 이(夷) 즉, 중화와 오랑캐로 보는 것이라든지, 사대부 지배층인 사(士)

     2부 | 역사의 갈림길에서 세계를 보다

와 피지배층 서(庶)로 나뉜 정치사회 구조가 대표적인 이원구조다. 이런 이원구조 때문에 정치는 사회주의로서 공산당 정권이 독재하면서도 경제는 시장과 민간에 맡기는 분업이 성립한다고 본다. 그의 중국 개성에 관한 강조는 중국의 민주주의에 관한 논의에도 이어진다. 중국은 역사적으로 일당독재가 일종의 체질이라는 것 그리고 "중국인 이상 커야 하고, 커야지만 중국이라고 할 수 있고, 이것이 중국인의 정체성"인데, 중국은 민주화에 맞는 사이즈가 아니라고 지적한다.

중국사를 관통하면서 중국적인 것을, 중국의 개성을 발굴하는 오까모또 타까시의 관점은 중국 연구 계보로 보자면 근대보편주의가 아니라 중국 특수론이자 중국 예외론에 속한다. 서구와 다른 중국적인 것이 있다고 본다는 점에서는 시진핑 시대 중국에서 유행하는 관점과 방법론적으로 유사하다. 하지만 중국적인 것에 대한 의미 부여는 다르다. 시진핑 시대 중국에서처럼 중국의 특수성을 대안 문명이나 서구 근대 극복이라는 차원에서 그 의미를 강조하지 않는다. 그의 일차적 관심은 서구와 다른 중국적인 것을 드러내는 데 있다. 그는 이렇게 말한다. "중국에는 중국 특유의 풍토와 역사, 그리고 그곳에서 자라난 문화와 시스템이 있습니다. 서양의 그것과는 다른 겁니다. 어느 쪽이 더 낫다거나 옳다거나 하는 것은 아닙니다. 그냥 '다른' 것입니다." 중국 이해를 위해서 먼저 중국의 다른 개성에 주목해야 한다는 것이다.

이런 오까모또 타까시의 관점을 어떻게 볼 것인가? 이런 그의 중국사 해석을 두고, 학술적인 차원에서 논란이 있을 수 있다. 예를 들어 그가 중국사의 이원구조 속 두 요소의 상호관계를 지나치게 정적인 고정 실체로 보는 점, 중국을 단일한 유교 세계, 특히 주자학적 세계로 보는 관점의 문제점 등 여러 학술적 쟁점이 있다. 중국사를 관통하는, 저자 용어로 '중국의 개성'을 드러내려는 의욕이 지나쳐서, 구조의 지속을 지나치게 강조하면서 그 변형에 상대적으로 덜 주목한 문제점도 있다.

학술적인 쟁점 차원을 넘어 이 책의 관점 자체가 대중국 관계 설정 차원에서도 논란일 수 있다. 이 책을 번역한 중국 역사학자 강진아 교수는 자신의 논문과 역자 후기에서 이런 저자의 관점을 중국 절연론이라고 정리한다. 중국은 애초에 이렇게 다른 나라이니까, 중국이 민주화되거나 서구 근대와 같은 사회로 수렴된다는 기대를 접고, 그냥 그렇게 살도록 두라는 중국 절연론으로 해석한다. 일본에서 간혹 대두하는 중국 이질론의 연장에서 해석한다. 물론 평소 저자의 우파적 성향을 고려하여 이렇게 규정할 수도 있을 것이다.

하지만 적어도 이 책에 한정하여 볼 때, 그가 중일관계 재설정을 말하기는 하지만 이를 중국과 절연해야 한다는 차원으로 보는 것은 과잉해석이라고 본다. 이 책을 읽을 때 우선 필요한 것은 저자를 따라가면서 중국사가 지닌 서구와 다른 중국적 개성을 찬찬히 들여다보는 일이고, 그런 중국적 개성을 한국 입장에서 어떻게 이해할지 고민하는 일이라고 본다. 중국적인 것을 보는 관점이 어느 때보다 갈리는 때다. 중국 밖에서는 서구 근대주의 관점에서 중국적인 것을 과잉부정하고 중국 안에서는 과잉긍정한다. 중국적인

　　　　　2부 | 역사의 갈림길에서 세계를 보다

것을 어떻게 볼지는 중국에 대한 한국적 시각 모색에서 중요한 관건이라는 점에서, 저자가 제기하는 중국적인 것이 지닌 의미를 여러 각도에서 찬찬히 검토할 필요가 있다.

미중 대립 시대, 미국 공부와 중국 공부가 절실한 때이다. 그런데 우리의 중국 이해는 예나 지금이나 별로 나아진 게 없다. 일본인이 서구의 관점에서 중국을 보는 데 익숙하여 중국을 잘 이해하지 못하거나 중국을 잘 안다고 착각하고 있다는 오까모또 타까시의 지적은 일본인에게만 해당하는 게 아니다. 그 지적에서 한국인도 자유롭지 못하다. 우리 역시 서구의 시각에 길들여져 중국의 다름을 보지 못하거나 중국이 한국과 비슷하다는 생각으로 중국사의 구조가, 중국인의 사고와 가치관이 우리와 다른 점을 보지 못하는 경우가 많다.

다시 문제는 중국을 어떻게 볼 것인가이다. 학술 차원만이 아니라 한국의 미래 전략을 위해서도 중국을 어떻게 볼지에 대한 진지한 대화와 논쟁이 필요하다. 오까모또 타까시의 책은 중국적인 것, 그 다름이 무엇인지를 이해하는 거시적 시각은 물론이고 중국을 보는 한국적 시각을 모색하는 데 필수적인 여러 쟁점과 논쟁거리가 들어 있다. 이런 점에서 이 책은 미중 대립 시대, 한국인의 중국 이해와 대중국 관계 설정을 위한 유용한 공부 거리이다.

늦었다고 생각될 때에는 너무 늦은 거다?

박재혁, KDI 국제정책대학원 교수

『더 커밍 웨이브』
무스타파 술레이만, 이정미 옮김

인공지능 분야 관련 연구를 하는 사람으로서, 챗지피티(ChatGPT)의 출시 이후 요즘 서점가를 휩쓰는 인공지능 관련 대중서적들을 보면 묘한 기시감이 들곤 한다. 특히, 주변 학생들이나 친구들이 "요즘 ×라는 책이 나왔는데, 네 연구 분야랑 관련 있어 보이던데 읽어봤어?"라고 묻는 질문에 가장 흔한 대답은 "응, 그렇구나. 아직 못 읽어봤네"이다. 바로 연구자의 딜레마랄까. 이미 알고 있는 기술의 역사나 발전 과정을 재확인하는 것보다 최전선의 기술 관련 정보를 담은 학술논문이나 학회지를 탐독하는 것이 훨씬 중요하고 급한 일이기 때문에 사실 관련 주제의 대중서를 읽을 시간적, 정신적 여유는 거의 없게 된다. 특히, 최근의 인공지능 분야와 같이 빠르게 발전하는 분야에서는 쏟아지는 논문들을 따라잡기에도 벅찬 상황인지라, 대중서적까지 섭렵하기란 사실상 불가능에 가깝다.

그럼에도 불구하고 다음의 두가지 기준 중 하나라도 만족하는 대중서에 대해서는 기꺼이 시간을 투자하려고 노력한다. 첫째, 저자가 해당 기술의 최전선에서 활동하면서도, 이미 내가 익숙한 기술 자체보다는 그 주변부의 영향에 대해 설명하는 책이어야 한다. 둘째, 주변의 최전선 연구자들이 적극적으로 추천해준 책이어야 한다. 무스타파 술레이만(Mustafa Suleyman)의 『더 커밍 웨이브』(한즈미디어 2024)는 오랜만에 이 두가지 조건을 모두 만족시킨 책이었다. 국내에는 이세돌 9단을 이긴 '알파고'로 알려진 회사인 딥마인드(DeepMind)의 공동 창업자이자 인플렉션 에이아이(Inflection AI)의 CEO인 저자의 경험과 통찰력에 대한 기대감, 그리고 동료 연구자들의 적극적인 추천은 나의 모자란 시간을 과감히 투자하는 데에 확신을 주었다.

책의 내용을 간략히 소개하자면, 이 책은 크게 네 부분으로 구성되어 있다. 1부에서는 수천년에 걸친 기술의 역사와 확산 패턴을 분석하며 '기술 억제의 문제'를 제기한다. 급속도로 발전하는 기술을 어떻게 통제할 수 있을지에 대한 질문은 이 책의 핵심 주제이다. 2부에서는 인공지능과 합성생물학이라는 두가지 범용기술을 중심으로 다가오는 기술의 물결을 자세히 묘사한다. 로봇공학, 양자 컴퓨팅 등 관련 기술들의 발전 양상과 억제의 어려움을 네가지 특징 ─ 범용성, 빠른 진화, 비대칭적 영향, 자율화 ─ 을 통해 설명한다. 3부는 억제되지 않은 기술의 물결이 가져올 권력 재분배의 정치적 함의를 다룬다. 국민국가의 위기, 새로운 형태의 폭력, 허위정보 확산 등의 문제를 제기하며 중앙집중화와 탈중

앙화의 역설적인 공존 가능성을 제시한다. 마지막 4부에서는 기술 억제를 위한 10단계 계획을 제안하며, 딜레마에서 벗어날 가능성을 모색한다.

정책대학원에 근무하는 연구자다보니 개인적으로 특히 눈길을 끈 부분은 14장 '억제를 위한 10단계'였다. 저자가 제시한 10단계 억제전략은 기술발전의 속도와 파급력을 고려할 때 시의적절하고 현실적이긴 하지만, 미국 중심의 시각을 담고 있다보니 우리나라의 입장에서 다시 생각하며 음미하게 되었다. '안전'과 '감사' 단계에서 강조하는 외부감사 및 레드팀 운영은 국내에도 매우 필수적이다. 최근 미국의 기업들이 모델을 오픈소스 형태로 공개하고, 앤트로픽(Anthropic)과 같이 모델 내부 작동 원리를 연구하는 기업 내부의 움직임은 고무적이라고 할 수 있다. 나아가, 연구자들은 기술적 연구뿐 아니라 대중과 정부에 대한 적극적인 소통 노력을 기울여야 한다고 주장한다.

또한, '제작자의 노력' 부분에서 기술 비평가의 역할 또한 중요함을 언급한다. 실무감각을 갖춘 비평가들은 단순한 비판을 넘어 실질적인 대안을 제시해야 한다는 주장에 공감할 수 있었다. 덧붙여, 실패를 용인하고 이를 통해 문제점을 보완해나가는 문화의 형성이나, 다양한 관련 시민운동의 확산 등도 비단 미국뿐만 아니라 우리나라에게도 해당되어, 앞으로 우리 사회가 다 같이 깊게 고민해봐야 할 부분들이라는 생각이 들었다.

아쉽게도, 저자의 제안들 중 "초크포인트"(choke-point) 전략 즉, 수출통제는 미국의 이익을 위한 전략으로 변질될 우려가 크다는 점에서 공감하기 어려웠다. 최근 미중간의 수출통제에서 보여주듯, 기술 억제라는 명분 아래 특정 국가의 기술 독점을 강화하고, 글로벌 기술 협력을 저해할 가능성이 높기 때문이다. 진정한 기술 억제를 위해서는 국제적인 협력과 공동연구가 필수적이며, 특정 국가의 이익보다는 인류 공동의 이익을 우선시하는 접근방식으로 해결해야 한다는 생각이다.

그럼에도 불구하고, 열가지 제안 중 특히 '정부'의 역할에 대한 저자의 주장에는 저절로 고개가 끄덕여졌다. 저자와 마찬가지로 나 역시 우리 정부의 두루뭉술한 대응들에 답답함을 느껴왔기에 깊이 공감했던 것 같다. 저자는 정부가 기술개발, 기준 설정, 역량 강화에 적극적으로 개입해야 하며, 외부 기관에 대한 의존을 줄이고 자체적인 전문성을 확보해야 한다고 주장한다. 하지만 개인적 경험에 따르면, 최근 정부 부처에서 인공지능 규제 관련 논의가 활발해지고 있지만, 실질적인 기술적 이해가 부족해 구체적인 정책으로 이어지지 못하는 경우가 많다. 특히 우리나라는 공무원 채용 시스템의 특성상 최신 기술에 대한 전문성을 갖춘 인력이 부족한 실정이다. 따라서 인공지능, 합성생물학과 같은 핵심 분야에 업계/학계 전문가를 적극적으로 정규직 직원으로 특별 영입하여 정책 기획 및 운영을 주도하도록 해야 한다는 생각이다.

또한, 기업의 책임 면에서도 국내의 인공지능 정책은 지나치게 기술개발 및 도입에만 집중하면서 인공지능의 윤리 및 안전에 관한 규제나 대응은 상대적으로 많이 부족한 모습들을 보여주고 있다. 기업의 자발적인 노력도 중요하지만, 산업혁명 시대의 아동노동이 보여주었듯이, 자율규제에만 의존하는 것은 한계가 있다. 본문에서 언급된 페이스북의 감독위원회와 같은 자체적인 노력은 긍정적이지만, 모든 기업이 이러한 노력을 기울일 것이라고 기대하기는 어렵다. 명확한 법적, 제도적 장치를 마련하여 기업의 책임 있는 기술 개발을 유도해야 한다.

책을 덮으면서 문득 인기 예능이었던 「무한도전」에서 박명수가 말했던 유행어가 떠올랐다: "늦었다고 생각할 때에는 너무 늦은 거다." 기술 변화의 속도에 비해 개인의 사고방식과 사회 시스템의 변화는 더디기 마련이다. 이러한 간극에서 발생하는 허위정보 확산 등의 사회문제는 이미 심각한 수준이다. 지금이라도 국가와 사회 차원에서 어서 문제의 심각성을 인지하고, 사회적 합의를 바탕으로 제도와 정책을 개혁해야 할 때이다. 바로 이러한 점에서 『더 커밍 웨이브』는 다가오는 기술의 물결 앞에서 우리가 어떤 선택을 해야 할지, 그리고 그 선택의 결과가 무엇일지 날카롭게 보여주는 중요한 책이라고 할 수 있다.

3부

차별과 격차를 허무는 도전

문화자본이 계급재생산에 작동하는 방식

조형근, 사회학자

『계급 천장: 커리어와 인생에 드리운 긴 그림자』
샘 프리드먼·대니얼 로리슨, 홍지영 옮김

「러브 액츄얼리」 등 영국 로맨틱 코미디 영화를 대표하는 배우 휴 그랜트, 봉준호 감독의 「설국열차」에도 출연한 틸다 스윈튼, 드라마 「셜록」의 주인공 베네딕트 컴버배치. 이들의 공통점은 무엇일까? 모두 영국배우라는 것. 또 하나 있다. 명문 사립학교에 명문 대학을 졸업한 상류층 출신이라는 것이다. 유명한 영국배우 중 상당수가 비슷하다. 물론 이들은 뛰어난 배우다. 표준 영어로 간주되는 용인발음(RP, Received Pronunciation)을 자연스럽게 구사하고 실험적 연극이나 독립영화 출연 등을 통해 쌓은 탄탄한 연기력을 자랑한다. 바로 그 능력의 구축에 계급적 배경이 작동한다. 용인발음은 가족환경과 사립학교 교육을 통해 체화된다. 무명 시절에도 수입에 구애받지 않으면서 다양한 서사를 경험하고 폭넓은 캐릭터를 구축한다. 이들이 뛰어난 배우로 성장해가는 동안 비슷한 역량으로 평가받던 중하층 출신 연기자들은 경력을 잘 관리하지 못하면서 정체하거나 뒤처진다.

사회학자 샘 프리드먼(Sam Friedman)과 대니얼 로리슨(Daniel Laurison)이 함께 쓴 책『계급 천장: 커리어와 인생에 드리운 긴 그림자』(사계절 2024)는 현대 영국사회의 계급불평등을 '계급천장'이라는 용어로 포착한다. 주장은 간명하다. 경영자, 전문직 등 특권층 가족 배경을 가진 사람이 엘리뜨 직종에서 성공하기 유리한 반면, 중간계급, 노동계급 출신은 불리하다는 것이다. 유불리가 어느 정도일까? 사례 하나만 보자. 이튼, 해로우, 럭비 등 아홉개 명문 사립학교 졸업생이 저명한 영국 엘리뜨 명부인『후즈 후』(*Who's Who*)에 등재될 확률은 다른 학교 출신보다 94배 높다.

영국식 학벌주의에 대한 비판서일까? 그보다 더 논쟁적이다. 중간계급, 노동계급 출신 중에도 명문학교 졸업자는 있다. 거기에 직무능력도 뛰어나면 상승의 사다리를 오르게 된다. '개천에서 난 용'들이다. 이들이 어느 순간 상승을 멈춘다. 비슷한 능력과 경력의 특권층 출신 동료는 계속 올라간다. 특권층 출신의 상승을 돕고 중간계급과 노동계급 출신의 상승을 가로막는 이 장벽을 저자들은 '계급천장'이라고 부른다.

계급천장은 어떻게 작동할까? 부모의 지원(엄마 아빠 은행), 특권층 출신 상사의 동종선호에 따른 후원(도움의 손길) 같은 요인들은 예상 가능하다. 프랑스 사회학자 삐에르 부르디외(Pierre Bourdieu)의 분류법에 따른다면 전자는 경제자본의 힘이고 후자는 사회자본의 힘이다. 저자들은 더 나아간다. 태도, 취향, 교양, 발음과 같은 문화적 특징들이 계급천장의 핵심을 구성한다는 것이다. 이 책은 능력에 따른 사회이동이 활발해진 결과, 영국이 계급 없는 사회가 됐다는 '계급 종말 담론'의 허구성을 부르디외의 문화자본 개념을 통해 폭로하는 책이다. 엘리뜨 직군에서 '사회적 봉쇄'가 작동하고 있음이 여러 통계로 입증된다. 예컨대 상위 중간계급 출신은 노동계급 출신에 비해 엘리뜨 직종에 종사할 확률이 6.5배 높다. 오늘날 영국사회에서 계급태생은 여전히 계급도착지와 긴밀하게 연계된다. 수세대에 걸친 정치인들의 수사에도 불구하고 교육은 '위대한 평등기제'(great equalizer)가 아니다.

저자들의 분석이 특히 빛나는 지점은 엘리뜨 직종 종사자 175명을 대상으로 한 심층면접을 통해 계급천장이 실제 직업세계에서 어떻게 작동하는지 보여주는 부분이다. 면접 대상자들은 주요 TV 콘텐츠 제작사 중 하나인 6TV, 대형 다국적 회계법인 터너 클라크, 건축회사 쿠퍼스, 그리고 별도로 표집된 연기자들로 이루어져 있다(기업명은 모두 가명). 계급천장은 6TV와 터너 클라크, 연기자 집단에서 뚜렷하게 작동한다. 특권층 출신이 동등한 자격의 중간계급, 노동계급 출신보다 쉽게 성공한다. 6TV는 방송 제작사라는 특성상 자유롭고 격식 없는 분위기를 갖고 있다. 인터뷰를 통해 이런 분위기가 사실은 고도로 '학습된 비격식성'이라는 것이 드러난다. 옷차림, 유머, 말투, 교양, 비언어적 의사소통을 포함해서 '아는 사람만 아는' 세련됨의 코드가 있다. '체화된 문화자본'이다. 방송제작사에서 고위직에 필요한 핵심 역량에 대한 객관적인 합의는 거의 없다. 한 임원은 이렇게 말한다. "같은 배경을 가진 사람들과 이야기하는 것이 확실히 더 쉽습니다. 서로 이해하니까

요." 역시 핵심 역량의 정의가 불분명한 회계 컨설팅 회사도 비슷
하다. 아는 사람만 아는 코드가 있다. 특권층 출신들은 말한다. "예
외 없이 더 상류층 집안에서 자란 사람이 더 편하게 이야기하더라
고요." 중간계급, 노동계급 배경을 가진 이들은 기대치에 적응하
는 데 어려움을 겪거나 열등감을 느낀다. 반면 기술적 측면이 중
요하고 역량이 비교적 객관화되는 건축설계 회사에서 계급천장은
거의 관찰되지 않는다. 오히려 현장에 익숙한 노동계급처럼 보이
려는 분위기까지 느껴진다. 반면 이 회사는 유리천장이 뚜렷하다.
파트너 중 여성은 한명도 없다.

책 전체를 통틀어 가장 인상적인 주장은 중간계급, 노동계급 출
신으로 상승하던 이들이 어느 순간 '자기제거'를 하는 경향이 있
다는 것이다. 고위직에 오를 수 있는 경력을 포기하거나 심지어 파
트너까지 오른 사람이 최고위직에 오르기 직전에 포기하는 경우
가 적지 않다. 도대체 왜? 엘리뜨 직장의 특권층 출신 사이에서 느
끼는 불안감과 열등감을 더이상 견디지 못하기 때문이다. "솔직하
게 말하자면 저는 이 클럽의 진정한 회원이 아니라고 말하고 싶어
요." 출신계급과 특권층 사이에 끼어 '문화적 노숙자'가 된 느낌을
받는다. 능력주의에 강력한 정당성을 부여하는 '개천의 용'들마저
고통스럽다. 사회이동으로 계급불평등 문제를 대체하는 데 근본
적인 한계가 있다는 말이다.

이 모두는 지구 반대편 영국 이야기다. 한국사회에서 문화자본
이론의 적실성은 논란거리라고 하기 힘들다. 경험 연구가 적은 탓
이다. 한국의 특권층은 문화적으로 천박해서 문화자본론을 적용

　　　　　　　　　　　　　　　　　3부 | 차별과 격차를 허무는 도전

할 수 없다는 주장도 종종 접하게 된다. 한국에서는 인맥 등 사회자본의 힘이 계급 재생산에 훨씬 강력하게 작용한다는 것이다. 하지만 엘리뜨층의 세대 재생산이 반복되면서 한국에서도 예술에 대한 교육투자가 (성별화된 방식으로) 크게 늘어났고, 이것이 '결혼시장'을 매개로 계급적 구별짓기의 중요한 작동방식이 되고 있음도 주목할 만하다. 문화자본의 힘이 커지는 경향이라는 '가설'을 세워봄직하다. 미국 사회학자 로런 리베라(Lauren A. Rivera)의 『그들만의 채용 리그』(지식의날개 2020)에 따르면 미국 최상층 기업도 채용 과정에서 집안 배경, 문화적 적합성 등을 중요하게 따진다. 다만 사회자본이나 지원자의 행동 등도 고려되고 문화자본만이 두드러지게 작동하는 것은 아니라는 것이다. 한국에서도 연구가 진전되어 막연한 감만으로 이야기하는 단계를 넘어설 수 있기를 기대한다.

젠더와 남성성/들을 '관계'로 바라보기

김소라, 제주대 사회학과 강사

『남성성/들』
R. W. 코넬, 안상욱·현민 옮김

최근 우리 사회 젊은 남성들 사이에서 나타나는 특정한 정치적 성향과 실천, 특히 사회적 약자에 대한 배제와 혐오를 선동하고 폭력을 행사하는 모습을 '남성성'이라는 틀로 이해하고자 하는 시도와 관심이 늘어나고 있다. 그간 페미니스트들은 한국사회에서 발견되는 남성성의 특성을 '식민지 남성성'으로 이해하고, 젠더폭력에서 발견되는 남성성과 폭력 간의 관계를 '유해한 남성성'이나 '고어 남성성' 등으로 부르려는 시도를 해온 바 있다. 하지만 안티-페미니즘을 중심으로 온라인에서 세력화한 젊은 남성들이 특정 정치세력에게 표를 던지는 것을 넘어 폭력의 사용을 적극적으로 옹호하고, 이것이 민주주의를 심각하게 위협한다는 사실이 분명해지자 '남성성'에 대한 이해가 필요하다는 공감대가 더욱 폭넓게 형성되었다. 실제로 12·3 내란 이후 결집한 극우세력 중 20~30대 남성이 상당수였고, 윤석열에게 구속영장을 발부했다는 이유로 서부지방법원을 공격한 이들은 '국민저항권' 행사라며 폭력을 정당화하는 등 질서유지를 이유로 계엄의 필요성을 옹호했다. 21대 대통령 선거 출구 조사에서 보수진영 후보 지지율이 가장 높게 나타난 것도 20대 남성(이준석 후보 37.2퍼센트, 김문수 후보 36.9퍼센트로 도합 74.1퍼센트)이었다.

호주의 사회학자인 코넬(R. W. Connell)의 저작 『남성성/들』(이매진 2013)은 이같은 남성성의 이론, 현실, 역사를 복합적으로 다루고자 한 고전적 시도로, 남성성을 하나의 연구분야로 자리매김하는 데 기여했다. 1980~90년대에 이루어진 남성성에 관한 여러 선행 연구 그리고 같은 시기 코넬이 실시한 생애사 연구를 바탕으로 한 이 책과 현재 사이에는 30~40년의 거리가 존재한다. 하지만 그같은 시간적 거리에도 불구하고 이 책은 첫째, 성차별 구조를 분석하는 페미니즘의 이론적 흐름 속에서 남성성 연구가 갖는 위치와 함의를 이해하고, 둘째, 최근 다양한 방식으로 대두하고 있는 남성성 연구를 위한 통찰력을 얻는 유용한 통로가 될 수 있다. 그 핵심에 젠더라는 '관계', 남성성/들 간의 '관계'에 대한 코넬의 이해가 있다.

무엇보다 코넬의 연구는 페미니즘 이론이라는 유산 위에서 가능했다. 생물학적 여성-여성성-여성 종속, 생물학적 남성-남성성-남성 지배 사이의 연관성을 전제로 차별의 구조를 상정했던 이전과 달리, 1980~90년대 조앤 W. 스콧(『젠더와 역사의 정치』, 후마니타스 2023)과 주디스 버틀러(『젠더 트러블』, 문학동네 2024) 같은 이론가를 중심으로 젠더에 대한 새로운 이해가 자리 잡았다. 이들은 젠더가 단순한 성역할 규범이나 이를 통해 할당되는 특질이 아니라 여성과 남성 사이의 관계를 조직하는 사회적 규칙이며, '여성'과 '남성', 그리고 젠더 모두 여러 권력관계가 교차하는 가운데 사회적 실천을 반복하며 수행적으로 구성되는 범주라고 주장했다. 젠더가 '관계적'이라면, 차별적 구조 속에 종속된 여성은 물론 그 구조 내에서 지배의 권한을 누리는 남성을 이해하는 것 또한 필요하다. '여성'의 지위를 이해하기 위해 '남성'의 지위를, '여성성'의 의미와 효과를 이해하기 위해 '남성성'의 의미와 효과를 이해하는 것이 필요한 것이다.

다른 한편, 코넬의 '남성성' 논의가 갖는 의미는 젠더를 남성과 여성이라는 두 집단간 관계만으로 파악하지 않고, 남성 범주의 이질성을 인정한 가운데 남성 내부의 관계로 시야를 넓힌 데에서 찾을 수 있다. 권력관계들이 교차하는 가운데 반복된 실천으로 형성되는 '남성'은 그 의미가 가변적이고 불안정하며, 이 가운데 구성되는 '남성성'은 동질적이라기보다 이질적인 복수의 것이다. 코넬은 남성성을 생물학적 남성이 소유한 정체성으로 보는 본질주의적 정의, 현실에서 남성들의 행동을 파악해 목록화함으로써 파악하고자 하는 실증주의적 정의, 남성이 도달해야 할 기준이자 이상으로 보는 규범적 정의 모두를 거부하고 이를 복수의 '관계적'인 것으로 파악한다. 이같은 이해 속에 코넬은 복수의 남성성을 '헤게모니적 남성성', '종속적 남성성', '공모적 남성성', '주변화된 남성성'으로 개념화한다. 이때 '헤게모니', '종속', '공모', '주변화'는 모두 고정된 의미가 아닌, 여성성과 남성성 간의 관계적 속성을 보여주는 말이다. 남성성은 역사, 사회, 정치로부터 영향을 받으며 끊임없이 경합하고 변화하는 역동적인 범주로, 그것의 내용이 아니라 남성성들의 배치와 그 효과를 통해 더 잘 이해할 수 있다고 보기 때문이다.

'헤게모니적 남성성'은 사회적, 정치적, 경제적, 문화적 수준에서 남성의 지배와 여성의 종속이라는 젠더관계를 보증하는 것으로, 동의를 통해 사회적 정당성을 획득한 이상적인 남성성이다. '종속적 남성성'은 '헤게모니적 남성성'에서 상징적으로 배제된 남성성으로 헤게모니적 남성성의 대척점에 있는 것이다. 코넬은 남성 동성애자를 '종속적 남성성'의 대표적 사례로 들면서 남성 동성애자들이 쉽게 여성성으로 환원되고 이 가운데 차별과 배제를 겪으며 '헤게모니적 남성성'의 지배하에 놓인다고 지적한다. 그리고 '헤게모니적 남성성'을 실현할 수 없는 남성들이 젠더관계를 묵인함으로써 여성에 대한 지배를 통해 가부장적 배당금이라는 이득을 얻는 형태는 '공모적 남성성'이라고 부른다. '헤게모니', '종속', '공모'가 '여성성'과의 관계 속에 젠더라는 사회적 실천의 구조를 형성하는 반면, 계급, 인종 등 다른 사회적 구조와 젠더가 만나 새로운 남성성과 관계를 만들어내기도 한다. 코넬은 이를 '주변화된 남성성'이라고 부르며, '헤게모니적 남성성'을 실현할 수단과 자원이 부재한 이들이 실천하는 '주변화된 남성성'이 '헤게모니적 남성성'에 권위를 부여하는 역할을 한다고 설명한다.

코넬의 논의에서 널리 알려진 부분은 이처럼 복수의 남성성을 이론화한 것이지만(1부), 『남성성/들』은 이에 그치지 않고 남성성을 독해하고 분석하는 풍부한 사례를 뒤이어 보여준다. 코넬은 2부에서 남성들의 생애사 연구를 통해 특정한 사회적 위치에 있는 남성들이 어떻게 유사한 남성성을 실천하거나 분기하는지, 3부에서는 근대 이후 남성성의 형성에 영향을 미친 역사적, 사회적, 정치적 힘들이 복수의 남성성들을 배치하는 사회적 조건에 어떻게 관련되는지 살펴보면서 남성성의 사회적 구성과 변동의 양상을 이해하고자 시도한다.

남성성들이 어떻게 연결되어 성차별이라는 구조와 질서를 만드는지, 각자 다른 상황과 지위에서 남성성을 실천하는 이들이 어떻게 이 질서에 이바지하는지, 소수만이 '헤게모니적 남성성'을 실천할 수 있음에도 이것이 어떻게 동의와 사회적 정당성을 획득하는지 설명하는 코넬의 논의는 오늘날 한국사회의 남성성을 이해하는 실마리가 되기도 한다. 안티-페미니즘을 내세우며 젊은 남성들을 이용하는 정치, '페미가 싫어서' 계엄과 폭력을 옹호하는 실천, 그 가운데 이루어진 비상계엄 선언을 폭력과 가해, 분노와 괴롭힘을 제어하는 데 실패한 '폭주하는 남성성'으로 포착하고, 이를 젠더질서를 유지하고자 하는 다양한 남성성 실천으로 이해하고자 한 시도는 그 한 예이다(한국성폭력상담소 기획『폭주하는 남성성』, 동녘 2025). 코넬의 연구를 자원으로 삼아 한국사회에서 남성성들의 배치와 실천의 변형, 이 가운데 발견되는 젠더질서의 동요가 적극적으로 해석될 수 있기를 기대한다.

　　　　　　　　　　3부 | 차별과 격차를 허무는 도전

'우리 모두'는 누구인가

배은경, 서울대 사회학과 교수

『Parité! 성적 차이, 민주주의에 도전하다』
조앤 W. 스콧, 국미애 외 옮김

『성적 차이, 민주주의에 도전하다』(인간사랑 2009)의 표지에는 '빠리떼'(Parité)라는 커다란 캘리그래피가 그려져 있다. 패러티 (parity), 균등(均等) 정도로 번역되는 이 단어가 책의 원제목이다. 이 글에서는 책에서 사용된 '남녀동수'라는 말 대신 빠리떼라는 원어 발음 표기를 사용하고자 한다. 단순히 선출직 공직에 남녀 가 50/50의 같은 수로 들어가야 한다는 형식적 주장을 넘어서는, 근대국가의 시민민주주의와 대의정치의 기본 틀에 대해 근본적 인 성찰을 촉구한 것이 빠리떼 운동의 진정한 의미라고 보기 때문 이다.

빠리떼는 2001년 프랑스에서 법제화되자마자 국내에 소개되 었지만, 그 형식적 내용만 소개되고 운동의 철학적 토대나 맥락은 논의되지 못했다. 한국에 가장 먼저 번역된 빠리떼 관련 서적이 실비안느 아가젱스끼(Sylviane Agacinski)의 『성의 정치: 남녀동수의회 구성의 논리』(일신사 2004)였다는 점도 상황을 악화시켰다. 1999년 헌법개정 직전 발간된 이 책에서 아가젱스끼는, 당시 펼쳐진 '시민연대계약'(PaCs) 입법운동 상황에서 만들어진바 성적 차이와 '커플'(couple)의 논리를 빠리떼의 이론적 기반으로 제시했다. 성적 차이를 정치적 주체로서의 개인과 정치체(body politic)의 관계에 대한 문제가 아닌, 각 개인들이 영위하는 친밀한 성적 관계와 재생산(임신·출산 및 부모되기)에 결부된 문제로 보면서 이것이 사회의 '토대'라고 선언해버린 것이다. 이같은 아가젱스끼의 논리는 빠리떼 운동의 철학과는 거리가 먼 것이었지만, 대중적으로 크게 성공하여 빠리떼 입법을 앞당겼다.

조앤 W. 스콧(Joan W. Scott)이 보기에 빠리떼는 그 자체로서 프랑스 정치철학과 프랑스 현실정치에 대한 비판이었다. 프랑스혁명 이후 여성들에게 평등한 참정권을 부여하기를 거부한 공화정치의 논리는, 여성들이 국가의 정치체를 대표할 수 있는 '추상적 개인'이 될 자질을 결여하고 있다는 것이었다. 시민은 본인이 가진 재산·가족·일·종교·인종 등등의 모든 구체성으로부터 스스로를 추상할 수 있기 때문에 민주정치의 주권자가 될 수 있으며, 선출직 공직자는 국가(the nation)를 대표하는 것이지 자신의 개별적·구체적 존재나 집합적 소속을 대표하지 않는다는 것이 공화주의 정치철학의 핵심이었다. 혁명가들은 여성들이 성적 차이의 체현(embodiment)이기 때문에 추상적 개인이 될 수 없다고 주장했다. 그들은 성적 차이는 추상화될 수 없는 것이라고 주장하면서 여성들을 시민권으로부터 배제했으나, 남성들은 성적 차이를 문제없이 초월할 수 있는 존재라고 여겼다. 즉, 이때의 '성차'는 남성과 여성의 차이 그 자체가 아니었다. 성차는 그저 여성을 특수화하고 마침내 정치로부터 배제하기 위해 강조된, 특정한 여성성의 표식일 뿐이었다.

프랑스 여성들은 1944년에 투표권을 갖게 되었지만, 선출 공직에서 여성의 비율은 매우 적었다. 이를 타개하기 위해 1980년대 초 할당제 도입을 위한 입법이 시도되었으나 헌법심의위원회에 의해 위헌 판결이 났다. 이 법이 섹스를 기반으로 시민을 차별함으로써 '단일하고 분할할 수 없는' 국가의 통합성을 저해한다는 것이 그 이유였다. 빠리떼는 프랑스혁명 200주년을 맞이하던 1988~89년, '대의제의 위기'가 선언되며 다시 한번 추상적 개인과 대표성의 불가분성(不可分性) 원칙이 강조되는 상황에서 등장하였다. 교육적·계급적 배경이 동질적인 '정치계급'이 국가/민족을 대표하도록 위임받은 임무를 수행하는 데 실패하고 있다는 지적이 힘을 얻으면서, 성별이 동질적인 (남성) 정치계급이 국가/민족을 잘 대표할 수 있는가라는 질문도 제기될 수 있었다.

빠리떼 주창자들은 여성성이나 여성들의 구체적 경험에 대한 논의를 벗어나, 국가/민족/나라를 구성하는 추상적 개인이 성별을 갖고 있다는 점을 사실로 선언하는 데서 출발했다. 유성생식하는 포유동물로서 인간에는 남성과 여성이 있을 수밖에 없는데, 그 숫자는 대략 50:50이고 이는 국가/민족/나라에서도 마찬가지다. 그러므로 선출 공직자의 남녀동수는 국가/민족/나라를 제대로 대표할 수 있기 위한 길이다. "빠리떼주의자들은 남성들과 여성들의 평등을 주장함으로써, 그 어떤 추상적 개인도 모두 섹스화되어 있음(sexed)을 인정함으로써, 국가/민족/나라의 정치체를 구성하는 추상적 개인들이라는 덩어리를 탈섹스화하기를(unsex) 바랐다"(111면, 원저 53면, 국역 서평자).

프랑스 공화국의 정치적 몸을 특정한 성별이 아니라 남녀 모두의 것으로 상상하기 위해서, 그 속에 성적 차이가 존재한다는 것을 단순히 인정하자는 것이었다. 이 '성적 차이'는 남성을 기준으로 하여 폄하 혹은 찬양되는 여성의 특성이 아니며, 남성성이나 여성성 같은 이원적 기준으로 각각을 해명하여 그 차이를 준별해 내야 하는 그런 종류의 차이도 아니다. 이는 위 문장에 이어서 스콧이 인용한, 초기 빠리떼 이론가 프랑쑤아즈 가스빠르(Françoise Gaspard)의 말에서 잘 드러난다. "빠리떼를 위한 우리의 투쟁은 다른 관점에 서 있습니다. 찬양된 차이에 기반하지도 부인된 차이에 기반하지도 않은, 초과된 차이에 기반한 양성의 평등이라는 관점 말입니다. 그 차이는, 그것이 불평등을 만들어내는 곳이라면 그곳이 어디든 더 잘 없애기 위해서, 인식됩니다"(같은 면).

프랑스의 빠리떼 입법은 여러 한계를 갖고 있었다. 그러나 스콧은 그 한계를 여성 선출 공직자 수 증가의 담보에서 찾지 않는다. 그는 "아가젠스키로 인해 추상성이 포기되고 이성애 커플이 대의제의 보편적 단위로서 추상적 개인을 대신하게 되었"으며, 이로 인해 "여성들은 개인이 아닌 여성으로서 선출 공직 진출을 인정받게 되었다"라고 평가하였다(274면). 민주정치의 기반인 정치공동체로서 국가/민족/나라 안에 존재하는 성차의 인정, 그리고 여성성의 잣대를 벗어난 개인으로서 정치에 참여하는 여성주체에 대한 상상력이 제한돼버린 것을 아쉬워하는 것이다.

2024년 12월 3일 비상계엄 이후로, 남태령과 한강진을 거치며 새로운 광장민주주의가 나타나고 있다. 성별, 페미니스트 여부, 성정체성, 노동조합원, 농민, 다양한 라이프스타일 등을 드러내며 자신의 목소리를 내는 정치주체들이 '우리 모두'를 위한 민주주의를 염원하였다. 윤석열 대통령 탄핵에 대한 헌재의 결정이 늦어지면서 조급한 마음에서인지, 이런저런 목소리를 소수자 집단만을 위한 '정체성의 정치'로 치부하고 단일주제, 단일대오를 강조하는 흐름이 나타나기도 했다. 하지만 우리는 질문하여야 한다. 민주공화국의 주권자로서 '우리 모두'는 누구로 상상되고 있는가? 우리는 어떻게 우리의 정치공동체를 민주적으로 꾸려갈 것인가. 그 속에 차이가 존재함을 제대로 인정하는 것이 이 모든 성찰의 출발점이 아닐까. 스콧의 책이 2025년의 한국에서 현재성을 갖는 이유는 여기에 있다.

장애를 중심으로 역사를 쓴다는 것

이지은, 연세대 문화인류학과 교수

『장애의 역사: 침묵과 고립에 맞서 빼앗긴 몸을 되찾는 투쟁의 연대기』
킴 닐슨, 김승섭 옮김

'장애의 역사'라는 제목으로 번역 출간된 킴 닐슨(Kim Nielsen)의 『미국의 장애사』(*A Disability History of the United States*, 2012, 동아시아 2020)는 우리가 지금 장애라고 부르는 개념, 장애인이라 불리는 범주, 장애를 가진 사람들의 삶의 경험이 만들어져온 역사적 과정을 추적하는 동시에, 그것이 미국이라는 국가가 만들어져온 과정과 어떤 방식으로 얽혀 있는지를 보여준다. 300면이 조금 넘는 이 책은 유럽인이 이주하기 전부터 북아메리카에 살고 있던 토착민들에게 '장애는 무엇이었나'를 묻는 데서 출발해 정착한 유럽인들에 의한 식민화, 노예제, 산업화, 2차 세계대전, 민권운동 등으로 이어지는 일련의 역사적 국면들에서 장애라는 개념, 장애를 가진 몸, 장애인의 권리라는 문제가 만들어지고 개정되는 과정을 역동적으로 그려낸다. 이 작업을 통해 닐슨은 우리에게 장애가 무엇인지를 다시 질문하게 하는 한편, 장애를 둘러싼 제도와 담론,

실천들이 '장애를 가진 몸'이 살아가는 방식을 규정했을 뿐 아니라 인종, 계급, 젠더 등에 따르는 차별과 배제를 정당화하는 장치가 되었음을 보여준다. 여기서 장애에 대한 차별과 억압의 역사는 미국이라는 국가를 만들어낸 부정의의 역사로 다시 쓰이며, 그에 따라 장애인권운동은 장애인의 권리를 위한 투쟁일 뿐 아니라 이 역사적 부정의를 바로잡는 기획이 되기도 한다.

미국이라는 국가가 성립하기 전의 북아메리카 토착민 이야기로 본문을 열면서 닐슨은 장애라는 말에서 신체적·정신적인 '결핍'을 연상할 독자들에게 그 개념 자체가 매우 특수한 역사적·문화적 구성물이라는 사실을 환기시킨다. 닐슨에 따르면 토착민들은 오늘날 흔히 장애로 분류되는 다양한 감각과 인지, 움직임의 방식을 그 자체로 장애라고 여기지 않았다. 오히려 장애는 어떤 사람이 공동체 안에서 호혜적인 활동에 참여할 수 없을 때 '발생'하는 것이었다. 다른 이들과 다른 몸을 가진 사람이 자동적으로 장애인 혹은 장애를 '가진' 사람이 되지 않는 토착민들의 세계를 살펴본 후, 닐슨은 폭력적인 정착식민화 과정이 그들에게 무엇을 남겼는지 들려준다. 그 과정에서 삶의 터전이 파괴되고 많은 이들이 전염병으로 죽음을 맞으면서 약화된 토착민 공동체는 그전과 같은 방식으로 작동할 수 없었기에 손상된 몸을 가진 이들의 삶의 경험도 상당히 달라졌다. 손상된 몸을 생산하는 동시에 그 몸이 나름의 방식으로 살아갈 수 있게 하는 관계망으로서의 공동체를 파괴함으로써, 식민화는 그전과는 전혀 다른 '장애'를 만들어냈다는 것이다.

한편 닐슨은 당대의 유럽인들이라고 해서 오늘날과 일치하는 장애 개념을 가진 것은 아니었다고 말한다. 식민지 공동체의 유럽인들에게 장애를 식별하는 일차적 기준이 노동할 능력이 있는지 여부이기는 했지만, 비규범적인 신체를 가지고 있다는 사실만으로 능력있는 몸(able-bodied)의 범주에서 배제하는 것은 아니었다. 노동할 수 있는 한 신체적 비규범성은 큰 문제가 아니었으며, 가족의 돌봄을 받으며 살아갈 수 있는 한 노동할 수 없다고 해도 큰 문제가 되지는 않았다. 미국에서 신체적·정신적 '결함'이 본격적으로 문제가 된 것은 독립혁명 이후였다. 닐슨은 미국의 성립 시기에 이르러 비장애중심주의, 인종주의, 성차별주의적인 방식으로 온전한 시민권을 가질 수 있는 사람과 아닌 사람을 구분하고 부적절한 몸을 가진 이들을 분별해내는 작업이 의사 등 전문가의 영역이 되었음을 지적한다. 장애를 개인의 몸에 부착된, 표준화된 척도에 의해 측정 가능한 '결함'이라고 보는 관점은 상당히 최근의 것이며 그것이 특정한 정치경제적 맥락 안에서 힘을 얻을 수 있었다는 점을 드러냄으로써 이 책은 장애 개념을 역사화하는 동시에 역사를 장애의 관점에서 새롭게 볼 수 있게 한다.

장애 개념이 어떻게 변화해왔으며 미국사회의 현재와 미래에 대한 담론들 속에서 장애라는 기호가 어떻게 동원되는지, 노예제나 산업화와 같은 생산양식의 변화가 장애를 문제화하는 방식 혹은 장애가 정의되는 방식에 어떤 영향을 미쳤는지를 서술하면서 이 책은 이러한 일련의 역사적 과정들이 오히려 '장애'를 생산해내기도 한다는 점을 상기시켜준다. 자본주의는 장애를 가진 몸을

'무능'한 것으로 배제할 뿐 아니라 산업화의 진전에 따라 손상된 신체들을 만들어냈고, 표준화된 작업장을 포함한 비장애중심적 환경은 그렇게 손상된 몸을 가진 이들이 작업장에 접근해 노동자로서의 삶을 영위하기 어렵게 만들기 때문이다.

닐슨의 『장애의 역사』는 장애의 개념과 그를 둘러싼 담론이 어떻게 구성되는지를 분석하는 동시에 장애를 가진 몸이 생산되는 역사적 과정이나 장애를 가진 사람들의 특수한 경험을 살펴봄으로써 장애를 보다 다층적으로 이해할 수 있게 해준다. 닐슨은 그러한 담론에 의해 스스로의 삶이 규정되었고 자신의 몸으로 미국이라는 국가의 부정의를 살아내야 했던 장애인들의 운동과 그로써 가능해진 변화들을 다루면서 이 책을 마무리한다. 미국이라는 정치체의 성립 과정에서 장애인이라는 범주, 손상된 몸, 장애에 대한 배제와 차별의 생산이 핵심적인 역할을 해왔다는 앞선 논의에 수긍하는 독자들이라면, 이 시점에서 장애인 인권운동이 단지 장애인의 존엄이나 인권에 대한 이야기만이 아니라 국가로부터 배제되어야 했던 이들이 국가 안에서 자신의 자리를 찾는 동시에 바로 그 국가가 만들어지는 과정에서 일어난 부정의를 시정하는 기획임을 놓치지 않을 것이다.

장애를 중심으로 돌봄을 다시 사유하기

김수희, 피치마켓 본부장/전 특수교사

『의존을 배우다: 어느 철학자가 인지장애를 가진 딸을 보살피며 배운 것』
에바 페더 키테이, 김준혁 옮김

네모난 바퀴를 가진 자전거가 굴러갈 수 있을까? 이 자전거를 굴려서 나아가려면 어떻게 해야 할까? 발달장애인을 지원하는 방법에 대해 대화를 나눌 기회가 있을 때 종종 건네는 말이다. '바퀴를 있는 힘껏 굴린다, 바퀴의 모서리를 깎아서 둥그렇게 만든다, 혹은 자전거를 번쩍 들고 걸어간다'라는 답이 나오고는 한다. 그런데 의외로 땅의 모양을 바꾸면(평평한 땅이 아니라 홈이 일정한 간격으로 파여 있는 땅으로) 네모난 바퀴 그대로도 자전거를 굴릴 수 있다. 세상의 '기준'에 도달하지 않는 사람들에게 흔히 더 노력해라, 열심히 해라, 반복해서 연습해야 한다, 될 때까지 도전해야 한다고 말하곤 한다. 하지만 개인의 노력으로 극복해야 할 것이 아니라 개인이 어떠한 성취를 할 수 있도록 환경이 갖추어져야 하는 경우들이 있다. 장애는 개인의 손상 그 자체가 아니라 사회가 그 손상에 적절히 대응하지 못해 생기는 불이익이라고 보는 관점과도 맞닿아 있다고 볼 수 있겠다. 반면 막상 장애인을 만나 관계를 맺고 겪어보면 개념적으로 정리한 내용이 현실적이지 않다고 느껴지는 경우들이 있다. 사회적인 조건과 환경이 갖춰지면 정말로 동등하게 살 수 있나? 그렇지만 모든 개인은 어느정도 노력을 하고 살아야 하는 것이 아닌가? 차별과 배제를 하지 않기 위해 하는 선택들이 정말로 장애인을 평등하게 만드는가? 무엇보다 내가 동등한 시민, 친구로 장애인과 관계 맺는데 이런 개념들이 어떤 도움이 되나? 특히 소수자 정체성과 결합하여 사회적인 개념을 재정의할 때, 옳고 그름을 포함하여 어떤 선택을 해야 하는 순간에 생각보다 복잡하고 어렵게 느껴진 경험이 있다면 이 책의 다양한 논의가 도움이 될 것이다.

에바 페더 키테이(Eva Feder Kittay)의 『의존을 배우다』(반비 2023)는 인지장애를 가진 딸 세샤와의 삶을 통해 배운 것들을 철학적으로 성찰한 저작이다. 철학은 "사유하는 이성적 존재"를 인간의 기준으로 삼는다. 저자는 이성을 지녔는지 알기도 어렵고 이성적 능력이 있다고 말하기도 어렵지만 자신만의 방식으로 관계를 맺고 음악을 사랑하며 기쁨을 표현하는 딸 세샤를 보며 이런 전제 자체를 다시 사유해야 한다고 말한다. 좋은 삶이라고 여겨왔던 '독립적인 삶'과 '정상성'에 관한 욕망이 과연 당연한 것인지, 애초에 가능한 것인지 의문을 제기하며 철학적 개념들을 검토한다.

키테이는 딸 세샤에 대한 인상적인 소개로 글을 시작한다. 세샤를 '장애를 가진 딸'이라고 소개함으로써 이미 불공평하게 다루었음을 고백한다. 또한 타인을 완벽하게 이해하는 것이 불가능함에도 딸의 옹호자 역할을 맡기 위해 엄마로서 대신 말할 수밖에 없음을 '변명'한다. 가장 가깝고 구체적인 대상으로 존재하는 딸을 소개하는 것부터 철학적 인식의 시작인 것이다. 이 책의 핵심 주제인 의존과 돌봄에 대해 말하기까지 사회의 정상성에 대한 관념과 좋은 삶이란 무엇인지에 대한 비판적 질문, 장애를 가진(가지고 태어날 것이라 예상되는) 아이의 임신중지에 대한 논쟁 등이 쌓인다. 때로는 구체적인 삶의 경험과 사례로 때로는 철학적 사유방식과 기존 철학자들의 주장을 반박하는 방식을 넘나들며 이야기를 전개한다. 그 과정에서 세샤와의 관계를 통해 큰 영향을 받았을 것이라 추측되는, 비장애인 아들인 리오와 장애아 임신중지에 관해 흥미로운 논쟁을 한다. 여기서도 사회적 맥락과 무관한 '선택' 그 자체보다는 그러한 '선택'이 갖는 한계를 다루며, 아들의 주장을 상당 부분 받아들이면서도 페미니스트로서 여성의 선택권을 존중하는 저자의 주장이 입체적으로 전개된다. 단순히 무엇이 옳다 그르다를 이야기하는 것이 아니라 그 결론에 이르는 과정과 사유가 복합적일 수밖에 없음을 보여준다.

'의존'에 관한 인식 역시 마찬가지다. 우리는 흔히 성숙한 인간은 의존하지 않고 독립적으로 살 수 있어야 한다고 생각한다. 의존은 나약함을 상징하고 수치스러운 것이라고 여겨지기도 한다. 하지만 사실 우리 모두는 의존하며 살아간다. 인간은 누구나 태어날 때부터 돌봄을 필요로 하고 나이가 들거나 병들면 돌봄이 필요한 상황에 처한다. 장애를 가진 이들은 이를 더욱 분명하게 드러낼 뿐이다.

키테이는 돌봄은 돌보는 자가 일방적으로 제공하는 행위가 아니라 돌봄을 받는 이의 수용으로 완성되는 상호작용이라고 말한다. 돌봄을 돌보는 자의 행위나 기술로만 바라보는 것이 아니라 돌봄을 받는 이의 적극적인 수용과 반응을 존중하는 '배려 윤리'의 관점으로 보는 것이다. 우리는 모두 의존할 수밖에 없는 취약함을 가진 존재임을 인정하고 의존을 통해 의미있는 연결을 만들 때 삶은 더 풍요로워질 것이라고 말한다.

이 책을 읽으면 모두가 한번쯤 의존과 돌봄을 내 이야기로 받아들이고 생각할 수 있을 것이다. 누구나 한번쯤은 돌봄을 받는 이의 입장이 되거나, 돌보는 자가 되거나, 돌봄노동을 하는 사람이 되어볼 수도 있기 때문이다. '내가 하는 일은 돌봄일까? 그렇다면 어떤 윤리가 필요할까?'라는 생각을 해볼 수 있는 기회도 된다. 실제로 옮긴이도 「옮긴이의 말」에서 본인이 종사하는 분야에서 '의료는 돌봄인가?'라는 질문을 던진다.

팬데믹 이후 돌봄이 중요한 화두로 떠오르며 많은 논의들이 있었지만 정작 '좋은 돌봄'은 무엇인지, 우리에게 필요한 돌봄 윤리는 어때야 하는지에 대해서는 많이 말하지 않았던 것 같다. 돌봄을 돌봄 행위나 기술로만 이야기하면 돌봄을 누가 어떻게 해야 하고 사회적인 비용과 책임을 누가 져야 하는지 같은 논쟁만 하게 되는지도 모르겠다. 우리 모두 의존함으로써 의미 있는 연결을 만들고, 더 풍요로운 삶을 누리기 위해 각자의 자리에서 좋은 돌봄이 무엇인지 더 많이 묻고 이야기해야 한다.

탐욕스러운 시장, 지체할 수 없는 돌봄

최시현, 연세대 국학연구원 학술연구교수

『커리어 그리고 가정: 평등을 향한 여성들의 기나긴 여정』
클라우디아 골딘, 김승진 옮김

잠시 상상해보자. 같은 대기업에서 만나 결혼해 다섯살 아이를 키우는 맞벌이 부부가 있다. 아침에 씩씩하게 등원을 한 아이가 어린이집에서 갑자기 구토를 한 후에 열이 나기 시작했다며 어떻게 할지 묻는 교사의 전화는 둘 중 누구에게 걸려올까. 그리고 긴급하게 결정된 주말 출장과 언제 끝날지 모르는 야근은 누가 도맡게 될까. 많은 경우 어린이집의 전화는 주양육자로 가정되는 여성이 받을 것이고, 장시간 과로가 필요한 일자리는 남성이 맡고 있을 것이다. 그것이 가정과 일터의 불안한 평화를 지키는 유일한 방법이라고 모두가 믿고 실행하기 때문이다. 그러나 이러한 생활방식의 지속은 성별임금격차를 악화시키고 여성의 커리어를 지연시킨다. 2023년 노벨경제학상을 받은 미국 경제학자 클라우디아 골딘(Claudia D. Goldin)이 수십년을 바쳐온 질문이 바로 이 문제, "성별임금격차의 이유는 무엇인가"이다.

골딘의 주장은 명료하다. 1878년에서 1978년, 100년 사이 출생한 미국의 대학졸업자 이상의 여성들을 대상으로 한 광범위한 종단분석결과 미국에서 여성은 20세기 상당 기간 법적, 사회적, 기술적 장벽으로 인해 커리어와 가정을 동시에 갖지 못했다. 예컨대 1940년대까지도 기혼여성의 고용을 제한하는 법이 존재했다. 최근 수십년 사이 명시적 차별은 폐지되었고 피임 및 생식기술로 인해 출산을 늦출 수 있게 되었을 뿐 아니라 부부가 돌봄노동을 공평하게 부담하려는 의식적인 노력도 확대되었다. 그럼에도 관리직으로의 승진은 여성에게 턱없이 불리하고 성별임금격차도 여전하다.

골딘은 남은 이 격차의 요인을 "탐욕스러운 일자리"(greedy jobs) 때문이라고 결론짓는다. 이 책의 두 핵심개념 중 하나인 '탐욕스러운 일자리'는 저녁이나 주말에도 주당 70시간 일하는 사람이 그의 절반 수준인 주 35시간 일하는 사람에 비해 임금을 두배 이상 받는 경우 즉, 노동시간에 따라 기하급수적으로 증가하는 시간당 임금을 만들어내는 일자리를 말한다. 이것은 장시간 과로문화, 남성적 경쟁문화와 함께 강화된 것으로 1980년대 이후 소득불평등이 늘어남에 따라 이러한 '탐욕스러운 일자리'의 보상도 증가했다. 고학력자들이 재직하는 많은 기업과 학교, 기관들은 이러한 방식으로 대체불가능한 소수 인력에 불평등한 경제적 인센티브를 지출하는 방식으로 조직과 자본을 키워오고 있다. 중요한 것은 이 '탐욕스러운 일자리'의 선호체계에 젠더가 있다는 것이다. 다시 말해 여성은 양육을 위해 더 짧은 시간 일하며 적당히 낮은 임금을 받는 유연한 일자리를 택하고, 반대로 남성은 가구소득을 극대화하고자 '탐욕스러운 일자리'를 더 많이 선택한 결과 성별임금격차가 발생하고 지속된다.

서두의 장면을 우리가 쉽게 떠올릴 수 있듯 골딘의 분석은 낯설지 않다. 골딘은 여기에 "온콜"(on-call) 개념을 덧붙여 설득력을 높인다. 온콜이란 병동의 간호사들이 환자와 의사의 호출에 늘 대기상태로 있는, 지체없이 대응할 태세를 말한다. 골딘은 돌봄과 커리어 모두에서 온콜노동은 필수적인데 가정에서의 온콜은 여성들이 도맡고, 직장에서의 온콜은 남성들이 도맡는 방식의 분업을 통해 가구의 기능과 소득을 최대화하는 방식을 택해왔다고 지적한다. 부부 중 한명은 벌 수 있는 최대한의 소득을 갖고 다른 한명은 가정을 돌보면서 적당한 커리어를 유지하는 것이 가정경제에 유리하며 만약 부부간 공평성을 위해 온콜노동을 절반씩 부담하면 가정경제에 미치는 손실이 오히려 커진다는 것이다.

골딘의 분석은 100년이라는 기간 동안 각 세대, 시기의 특징과 그 인과관계를 훌륭히 분석하고 무엇보다도 고등교육을 받은 미국 여성들이 기성세대의 실수를 바로잡고 새로운 세대에게 바통을 넘겨가며 성평등을 위한 투쟁을 역사적으로 오래 지속해왔음을 효과적으로 보여준다. 골딘 분석의 약점은 이러한 온콜에서의 선택을 개인의 합리적인 선택으로 가정하고 있다는 점이다. 다시 말해 가정에서의 온콜은 왜 여성에게 주로 맡겨지는지, 남성은 어떤 이유로 적극적으로 돌봄경제에 가담하지 않는지를 충분히 설명하지 않는다. 이것은 경제가 아닌 문화의 영역이다. 현대사회에서 나 자신을 설명하는 가장 중요한 조각은 커리어의 영역이다. 일은 몰입감을 주고 소명의식을 통해 사회적 존재로 스스로 기능하고 있다는 효능감을 부여한다. 다시 말해 개인의 정체성에 일이 주는 영향력은 절대적이다. 반면 돌봄의 영역은 필수적이지만 소모적이고 자족적인 것으로만 남아 있다. 돌봄의 가치가 충분히 발굴되고 실행되지 않았기에 골딘 논의에서도 여전히 커리어와 가정은 동등한 가치를 갖고 있지 않을 뿐만 아니라 대립적이고 이분법적인 것으로 가정되어 있다. 게다가 커리어 영역에서의 성공은 개인, 특별히 여성에게 영광을 줄 것이라는 전제가 조용히 깔려 있다.

여기, 한국으로 눈을 돌려보면 성별간 임금격차는 31.1퍼센트로 남성 근로자가 100만원을 받으면 여성 근로자는 69만원을 받는다. 국제사회에서도 한국의 성별임금격차는 심각한 수준이다. 그리고 윤석열정부가 주장한 69시간 근무제, 업종별 차등 최저임금 논의는 골딘이 주장하는 노동트랙의 다양성, 다시 말해 독식체계를 부수고 유연한 일자리로 생산성을 발휘하게 하자는 노동구조의 변화와는 완전히 다른 길이다. 게다가 다둥이행복카드, 다자녀가구 주택특별공급제도와 같이 출산과 양육을 경제적 인센티브로 이해하게 만드는 정치도 인간이 가진 상상력과 복잡한 수행성을 낮게 평가한 결과로 보인다.

골딘의 작업은 성평등이 조금씩 나아가고 있다는 것을 실증적 데이터로 분석한 만큼 낙관적 전망을 제공하는 듯 보인다. 그러나 한 사람의 커리어 유지 기간은 길어야 30년 정도로 한번뿐인 자기 삶을 살아가는 현실의 여성들에게 이 변화는 너무 느리거나 감지되지 않는다. 심지어 "구조적 성차별은 없다"는 선언이나 미국의 낙태죄 재인정과 같은 백래시 현상은 자신의 커리어를 추구하기 위해서는 만에 하나라도 가족으로 흡수되어서는 끝이라는 젊은 여성들의 4B운동(비연애, 비섹스, 비혼, 비출산)을 추동시킨다. 장기적 데이터가 보여주는 머나먼 낙관의 길에 동참하기를 포기하는 것이다. 또한, 그렇게 쟁취해낸 대졸 백인 여성의 커리어를 위해 수많은 이주민 여성이 돌봄경제에 장기간 배치되어온 것은 자명하지만 은폐된 현실이다. 이 책에서 주된 사례로 가정하는 변호사, 교수, 약사 등 전문직 여성의 삶과 비전문직 특히, 돌봄경제에 종사하는 여성들의 삶은 서로 연결되어 있기 때문이다. 클라우디아 골딘의 경제학적 공헌이 모든 이의 복지와 생존을 위한 정치적 기획과 만나는 방안은 무엇일지 함께 모색해볼 때이다.

4부
변해버린 계절 앞에서 물어야 할 것들

운디드니에서 스탠딩락으로

백영경, 제주대 사회학과 교수

『나를 운디드니에 묻어주오: 미국 인디언 멸망사』

디 브라운, 최준석 옮김

원주민의 역사에 대한 책을 하나 고르겠다고 하고서 처음 떠올린 책이 『나를 운디드니에 묻어주오』(이하 『운디드니』)이긴 했다. 하지만 도대체 이게 언제 적 책인가. 아무리 오래된 책이라도 괜찮으니 필요한 책을 골라 소개한다는 게 '잔다리서가'의 취지라고는 하나 원서가 처음 발간된 게 1970년이니 오래되어도 너무 오래되긴 했다. 내가 이 책을 처음 만난 시점도 아마 1980년대 초반쯤이었던 것 같다. 내 기억 속의 『운디드니』는 창작과비평사에서 나온 제3세계 문학선 은구기 와 시옹고의 『피의 꽃잎』, 황 춘명의 『사요나라, 짜이젠』과 함께 묶여 있다. 후자의 책들이 발간된 게 1983년이었으니 『운디드니』를 처음 접한 것도 그 무렵이었던 듯하다. 당시 텔레비전에서 인기리에 방영되던 「초원의 집」이 그려내는 서부개척사에 익숙했던 중고생에게 결국 모두가 죽고 마는 운디드니의 전투나 케냐와 대만의 생생한 현실과 저항의 목소리를 담은 소설들이 남긴 인상은 너무도 강렬했다. '전세계에서 가장 많이 읽힌 인디언 기록문학'이라고 알려진 『운디드니』의 한국어 번역본은 총 여섯번 출간되었다. 1979년 청년사에서 처음 나왔고 프레스하우스(1996), 나무심는사람(2002), 한겨레출판(2011)과 길 출판사(2016)를 거쳐 2024년 한겨레출판에서 재출간되었다. '내 심장을 운디드 니에 묻어다오'(2007)라는 제목으로 영화화가 되어 국내에서 DVD도 출시된 바가 있다.

『운디드니』는 '미국 인디언 멸망사'라는 부제에서 짐작할 수 있듯이, 인디언들이 백인들과 만나면서 우호, 적대, 협약, 전투, 투항 등 다양한 대응을 취해봤지만 어떤 길을 택하든 몰락의 길을 걷게 되는 과정을 잘 보여준다. 책이 집중적으로 다루는 기간은 1860년에서 1890년에 이르는 30년간이다. 18세기 후반 미국이 독립할 무렵 이미 많은 원주민 부족들이 사라진 상태였다. 1834년 미국의회는 미시시피강 서쪽은 영구히 원주민들의 땅으로 인정한다면서 평화조약의 이름을 빌려 동쪽의 원주민들에게 강제이주를 종용했다. 그러나 1848년 캘리포니아에서 금광이 발견되면서 본격화된 백인들의 서부 이주 열풍은 그 이전과는 차원이 다른 수준이었다. 1869년에는 대륙횡단열차가 개통되었고 금을 탐사하기 위해 달려가는 백인들을 보호한다는 명목으로 군대가 들어가고 그 군대를 따라 땅을 얻으려는 백인들이 이주했다. 평화협정을 지키지 않는 백인들로 인해 원주민들과 충돌이 생길 때마다 군대는 원주민들을 학살했다. 전설적인 지도자들조차 차례로 희생되면서 각 부족은 모두 몰락할 수밖에 없었고, 일부 살아남은 인디언들이 '보호구역'이라 불리는 주거지역 안으로 이주해 들어갔다. 책의 마지막은 쑤우족의 지도자 큰발(Big Foot)과 일행들이 운디드니에서 최후를 맞는 장면으로 끝난다. "1890년 크리스마스가 지난 지 나흘째 되는 날이었다. 찢기고 피 흘리는 부상자들이 촛불 켜진 예배당에 옮겨졌을 때 아직 의식을 잃지 않은 인디언들은 서까래에 장식한 크리스마스트리를 볼 수 있었다. 설교단 뒤의 합창대석 위에는 엉성한 글씨로 쓴 현수막이 걸려 있었다. 땅에는 평화, 사람에겐 자비를."(한겨레출판, 586면) 백인들이 스스로 자신들의 명절에 부여한 '땅에는 평화, 사람에겐 자비'라는 구호가 얼마나 위선적이고 기만적인가를 보여주면서 책은 마무리된다.

『운디드니』는 여전히 미국 토착민의 역사에 관심을 가지는 사람들이 읽을 수 있는 몇 안 되는 한국어 서적 가운데 하나이다. 그러나 미국 원주민 관련 책을 고르면서 선뜻 이 책으로 정하지 못하고 망설인 이유는 우선 1970년 이후 원주민의 역사가 너무도 많은 변화를 겪었기 때문이고 '멸망사'라는 부제가 미국 원주민들이 진짜 망해 없어졌거나 아니면 계속 몰락의 길만 겪고 있는 낙후된 사람들이라는 우리의 무지를 강화할 우려가 있기 때문이다. 유사한 주제의 책으로 햄프턴 시드(Hampton Sides)의 『피와 천둥의 시대』(갈라파고스 2009)가 있지만 그 책을 고르지 않은 이유이기도 하다. 이 책 역시 '미국의 서부 정복과 아메리칸 인디언 멸망사'라는 부제를 달고 있다. 하지만 1970년에 나온 책이라면 모를까, 2006년 출간된 원서가 여전히 미국언론에서도 '미국 서부 개척사의 잔혹한 이면'을 다뤘다며 찬사를 받는 상황은 미국 정착식

민주의 역사에 대한 대중적 인식이 제한적임을 보여준다. 2000년대 이후 원주민들의 역사에 관한 연구가 많은 새로운 성과를 내고 있고 활발하게 전개된 원주민 정치에서 비롯한 토착연구가 비판적 미국학을 주도하고 있지만, 학계와 사회운동 일부를 넘어 미국 사회 일반의 시각은 큰 변화가 없다.

그렇다면 그런 망설임에도 불구하고 굳이 『운디드니』를 고른 이유는 우선 운디드니라는 지명이 가지는 상징성에 있다. 1890년 400여명이 넘는 민간인들이 학살되면서 원주민 수난의 상징이 된 운디드니에서는 이후 어떤 일들이 일어났을까. 2023년 2월 27일은 오글라라 라코타 부족과 미국인디언운동(AIM) 회원들이 사우스다코타주의 운디드니 언덕을 점거한 지 50주년이 되는 날이었다. 1973년 2월 27일부터 5월 8일까지 71일간 200여명의 오글라라 라코타들은 부족의회와 연방정부의 부패, 공동체를 위협하는 추장의 폭력, 잇단 인종차별적 범죄행위에 저항하는 투쟁을 감행했다. 미국 연방정부가 병력과 저격수를 투입하여 도로를 차단하고 식량을 포함한 보급품의 전달을 막았음에도 두달 넘게 이어진 그들의 저항은 미국 원주민운동의 새로운 국면, 즉 '레드 파워'의 시작을 알리는 전환점이 되었다는 평가를 받는다.

운디드니 지역의 역사는 원주민들이 여전히 권리를 찾아 투쟁해야만 하는 존재라고 해서 무력하게 멸망한 사람들이라고 여겨서는 안 된다는 점을 보여준다. 1973년의 투쟁은 원주민들이 절대 멸망하지 않았으며, 동시대인으로서 투쟁하고 있음을 보여주었다. 이들의 운동은 오랜 조직화와 준비 과정을 거친 것이었고,

막연하게 곤궁을 호소하는 것도 그렇다고 백인들과의 공존을 전면 거부하는 것도 아니었다. 이들은 1868년 원주민들과 연방정부 사이에 맺어진 포트래러미조약을 더는 위반하지 말라는 매우 구체적인 요구를 내걸었다. 이 조약이 그들에게 특히 중요했던 것은 1850년대에 맺어진 조약이 거듭 침해되는 상황에서 직접 투쟁으로 얻어낸 것이기 때문이고 따라서 많은 원주민이 그 내용을 잘 인지하고 있었다.

물론 포트래러미조약 이후에도 원주민들을 강제이주시키고 보호구역 내에 수용하는 폭력은 지속되었고 이에 대한 저항도 이어졌다. 운디드니 점거는 부패한 원주민 지도자들에 대한 저항의 성격을 동시에 띠었고, 이에 따라 청년들과 여성들의 참여가 유독 두드러졌다. 그 투쟁의 기억은 다시 2016년 운디드니에서 멀지 않은 사우스다코타 스탠딩락에서 벌어진 송유관 반대 투쟁에 큰 영향을 미쳤으며, 실제로 운디드니 점거 참여자 중 일부가 직접 가담하여 원주민운동의 끊이지 않는 흐름을 보여주었다.

한편 원주민들이 멸망하지 않았고 여전히 살아서 싸우고 있는 존재임을 잊지 않는 것도 중요하지만, 무엇이 이들을 싸우게 하는지도 알아야 한다. 남의 이야기처럼 원주민 권리를 인정하자고 말하기는 쉽지만 실제로 그들의 투쟁을 외면하게 만드는 건 단순한 무지가 아니다. 거꾸로 더는 자신들을 무시하면서 자원을 채굴하지 말라는 이들의 소리가 현대 한국인의 삶에도 위협이 되기 때문이다. 1850년대에 원주민들과 맺은 조약을 파기하게 만든 것은 조약 당시 발견되지 않았던 금맥이 이 지역에서 발견되었기 때문이었다. 이후 구리와 우라늄 광산이 연이어 발견되면서, 송유관 건설 반대 투쟁을 비롯하여 채굴과 그에 따른 환경오염에 저항하는 투쟁은 21세기의 오늘에도 현재진행형이다.

   4부 | 변해버린 계절 앞에서 물어야 할 것들

시간과 공간이 만든 비가시성에 맞서는 글쓰기

공유정옥, 직업환경의학과 의사

『느린 폭력과 빈자의 환경주의』
롭 닉슨, 김홍옥 옮김

한량없이 느리게 일상적으로 계속되며 피해가 나중에 드러나는 '느린 폭력'이 있다. 유해화학물질이나 방사능으로 오염된 물과 공기와 토양을 통해 서서히 병드는, 개발 혹은 보존이라는 명분으로 대를 이어 살아온 땅과 공동체를 빼앗긴 후 난민이 되어 떠돌거나 반대로 보호구역에 격리되는, 종전 후에도 삶터에 남겨진 불발탄과 지뢰와 방사성물질에 의해 두고두고 살해당하는, 이 느린 폭력의 피해는 가난한 사람들이 불균형할 정도로 많이 겪는다. 그리고 인간 사회는 느린 폭력에 대하여 고질적인 시야결손 상태에 있다.

한국사회에서는 요즘 들어 기후위기를 염려하거나 일회용 플라스틱 사용을 줄여보려는 모습이 예사로워지는 등 환경문제가 일상적으로 시야에 들어온다. 하지만 화석연료 생산이나 소비로 이득을 누리는 편과 그로 인한 피해를 뒤집어쓰는 편이 지구 이쪽저

쪽으로 나뉘어 있음을 예리하게 가려 말하는 목소리는 흔치 않다. 일회용 플라스틱 포장지를 받아 들지 말지 의사를 묻거나 비용을 지불할 준비를 시키는 정책은 가깝지만, 그 포장지 원료로서 원유나 셰일가스를 퍼올리며 나오는 부산물을 팔아 돈을 버는 석유화학기업들을 향해 플라스틱 오염의 책임을 묻자는 방식은 멀다. 미국 환경주의에는 환경정의에 대한 관심이 더 필요하며 "느린 폭력을 성급하게 '세계적 흐름'이라는 완곡어법으로 얼버무리지 않"도록 탈식민주의와의 협력이 필요하다는 롭 닉슨(Rob Nixon)의 주장은 한국에서도 귀 기울일 법하다.

느린 폭력에 대한 시야결손에는 과학기술계의 역할도 한몫한다. 가령 생분해 플라스틱을 개발한 과학자들에게 플라스틱 공해의 책임을 석유기업들에 연결시키지 못하도록 하겠다는 악의야 없었겠으나, 생분해되는 '좋은' 플라스틱이라는 말 다음에 반드시 해야 할 다른 설명이 붙지 않음에 대하여 정말 아무 책임이 없는지 의문은 가져볼 일이다. 생분해되는 데 수십년이 걸리며 그조차 따뜻한 환경이어야 하므로 바다에 투기되면 결국은 일반 플라스틱 쓰레기처럼 영원히 썩지 않고 남아서 물새의 뱃속을 가득 채우고 상어의 지느러미에 얽히고 거북의 콧구멍에 박힐 것이라는 사실, 친환경이건 그린이건 에코건 재활용 가능이건 그 무슨 인증을 받더라도 플라스틱은 플라스틱이며 그 폐기물을 쏟아내는 속도를 획기적으로 줄여야 그나마 파탄에 이르는 시간을 늦출 수 있다는 사실 말이다. 노동 및 환경 보건 영역의 큰 이슈들에서는 이처럼 무언가를 덜 말하는 방식부터 새빨간 거짓말을 꾸며내는 것까

　　4부 | 변해버린 계절 앞에서 물어야 할 것들

지 기업의 이익에 복무해온 과학자들을 어김없이 발견할 수 있다. 『느린 폭력과 빈자의 환경주의』(에코리브르 2020)의 저자 롭 닉슨이 요약했듯 "기업에 면죄부를 주는 더 큰 내러티브가 사실이라고 확인해주는 내러티브를 생산해 전파하는 것" 혹은 "무행위로부터 가장 큰 이득을 누리는 세력"을 위하여 "무행위를 보장하기에 충분한 정도의 대중추수적 불확실성 수준을 유지하는 것"이 이들의 역할이다.

저자는 느린 폭력의 가해자들과 느린 폭력의 확산을 한층 악화시키는 저 '의혹 생산자들'에 맞서는 힘을 글쓰는 이들에게서 찾고 있다. "모호한 정치적 수사와 언어적 위장이 치르게 될 세속적 대가"에 민감한 지식인, 제도권 밖에 머물러 "직업적 항복의 경제학에 연루되어 비타협적 연구 지속 능력을 위험에 빠뜨리"지 않는 제너럴리스트, "훈련되어 있으되 결코 규율적이거나 꾸준한 학자형이 아닌 자유롭게 부유하는" 지식인으로서의 '작가-활동가'들 말이다. 책의 끝 부분에 가면 아예 대놓고 작가-활동가를 청자로 호출하여 "속도라는 디지털의 신"과 "불균형할 정도로 부유한 사람들이 많이 이용하는" 뉴미디어의 시대에 "불균형할 정도로 가난한 사람들이 겪는" 느린 폭력의 이야기를 수면 위로 끌어올리고 "거기에 정서적 힘을 부여"하자고 호소한다. "만병통치약은 아니지만 희망으로서의 자원"이 되어줄 수 있다며 어깨를 두드려주기까지 한다.

느린 폭력은 인간이 쉽게 인식하기 어렵다. 미디어에서 다룰 만한 스펙터클도 부족하다. 느린 폭력의 피해자인 "가난한 사람들과 사면초가의 공동체들"은 그 비가시성을 넘어서느라 고군분투해야 한다. 간신히 가시성을 획득한 다음에는 제도가 인정하는 피해자의 범주에 맞추어 자신을 정의하고 그 정의가 규정하는 내러티브에 맞추어 자기 삶을 요약해내야 한다. 그리하여 자신의 이름이 피해자 명단에 들어가 마땅하며 자신의 어떤 상태가 보상 대상으로 인정되어야 마땅함을 증명해내야 한다. 느린 폭력은 삶의 총체를 여러 차원에서 지속적으로 파괴하지만 제도는 무너져내린 모든 것을 피해로 집계하지는 않으므로, '중요치 않은' 이야기를 공연히 꺼내지 않는 것이 미덕이다. 꺼내어봤자 어차피 편집되겠지만. 그나마 느린 폭력의 피해자들을 다루는 콘텐츠에서 가장 흔한 형식은 아마도 삼인칭 논픽션일 것인데 이 형식으로는 피해와 고통을 가장 심부까지 해부해 보이기가 아무래도 어렵다. 정신의 고상함까지 고통에 집어삼켜진 사람이나, 그렇게 잃을 만한 고상함을 아예 가져볼 수 없을 만큼 비참한 처지였기에 느린 폭력의 피해자가 된 사람들은 분명 존재하지만 호명되는 일은 흔치 않다. 그런 사람을 다루는 경우라도 독자나 시청자가 공감하기 어려운 곳까지 굳이 조명하지는 않는 편이다. 가령 이 책에서 소개한 인드라 신하(Indra Sinha)의 픽션『애니멀스 피플』(*Animal's People*, 2009)에서 모종의 화학물질로 인해 "선례도 없고 후손을 남길 가망도 없는 네발동물"로서 "비정상적으로 되는 것 말고는 선택의 여지가 없는" 존재가 되어버린 주인공 '애니멀'처럼 "고삐 풀린 욕망의 지배를 받으며 음모를 꾀하고" "기생적 생활 태도와 잔꾀를 무기삼아 살아가는" 피해자의 모습이 삼인칭 논픽션에 담기는 일은 거의 없다. 그리하여 피해는 스테레오타입에 국한하여 규정되고, 실제 현장에서 거의 항상 마주치는 느린 폭력의 어떤 측면은 콘텐츠가 미처 포괄하지 못하는 시간과 공간의 틈새로 빠져나가 숨어버린다.

느린 폭력을 폭로하거나 반대하는 이들의 모습도 해묵은 틀에 박제하듯 그리는 경우가 많다. 피해자들 편에 서서 기록하고 증언하거나 연구하고 논쟁하고 변호하는 지식인-전문가들에게는 흔히 손해를 무릅쓰고 진실을 수호하는 시대의 양심, 탄압에 굴하지 않고 대의를 위해 헌신하는 영웅의 얼굴로 천편일률적인 메이크업이 두껍게 칠해지곤 한다. 뉴스, 인터뷰, 르뽀, 보고서, 에세이 등 다양한 형식을 막론하고 삼인칭 논픽션이 대부분 그러하다. 저 형식의 콘텐츠를 만드는 목적이나 주어진 시간 및 자원의 제한이 이런 특성을 유도하는 것일 수도 있겠다. 이 책에서는 작가-활동가들이 어떤 식으로 그런 관습과 마주했는지 몇개 사례들을 보여준다. "나서지 않는 자세와 영웅적 자기표현" 사이에서 줄타기를 한 왕가리 마타이(Wangari Maathai)의 운동 회고록, 유명 인사로서 자신의 가시성을 이용해 "냉담한 기술의 언어가 가장 취약한 존재들에게 가하는 폭력을 드러내"고자 했던 아룬다티 로이(Arundhati Roy)의 에세이, 송유관 반대투쟁으로 군사정권에 사형당하여 순교자처럼 일컬어지던 자기 아버지의 대의는 지키되 "가정에 부과된 정서적 희생에는 반란"을 함으로써 "대의의 무게에 짓눌린 스스로를 해방"시킨 사로위와 2세(Ken Wiwa)의 논픽션들, 자신과 느린 폭력의 피해자들 사이의 인종적 동질성과 계급적 이질성이 주는 혼란스러움을 성찰한 은데벨레(N. Ndebele)의 글 등이 있다. 피해자와 동일시하기엔 멀고 객관성을 인정받기엔 너무 가까운, 서민성을 주장하기엔 너무 잘나가고 전문성을 인정받기엔 너무 비제도권인, 이름이 나야 운동을 널리 알릴 수 있지만 유명해지려 운동을 이용한다는 손가락질을 피할 도리가 없는, 이 난처하기 이를 데 없는 작가-활동가들의 처지에 (저자의 평가 때문인지는 몰라도) 어쩐지 편들어주고 싶은 마음마저 든다.

저자는 이 책을 관통하는 세개의 열쇠 말(느린 폭력, 빈자의 환경주의, 작가-활동가)을 담아 각 장마다 인도 보팔 유니언 카바이드 공장의 독성 화학물질과 체르노빌 핵발전소 방사성물질 누출로 병들고 죽어간 이들, 석유라는 "자원의 저주"에 걸려 극단적 빈부격차와 독재에서 벗어나지 못해온 사우디아라비아와 나이지리아의 역사, 메가 댐 건설 때문에 공동체가 해체당하고 심지어 살해되기까지 한 과떼말라와 인도의 개발 난민들, 식민지배 후에도 원주민 보호구역에 고립되거나 사냥감 보호구역 또는 국립공원을 위하여 추방된 아프리카 원주민들, 감손우라늄과 집속탄과 지뢰 등으로 종전 후에도 오랜 기간 살해당하고 있는 사람들의 이야기를 하나씩 등장시킨다. 1년짜리 국제환경정의 강의나 세미나 프로그램으로 손색없을 목록이다. 아울러 한국이나 아시아판 '느린 폭력과 빈자의 환경주의'에 넣을 목록은 어떠할 것인지도 흥미진진한 이야깃거리로 남는다.

    4부 | 변해버린 계절 앞에서 물어야 할 것들

'생명권 정치'와 이스라엘-하마스 전쟁

조효제, 성공회대 사회학과 명예교수

『생명권 정치학』
제레미 리프킨, 이정배 옮김

서평의 형식으로 오래전의 도서를 소개하는 일은 흔치 않다. 제
레미 리프킨(Jeremy Rifkin)의 『생명권 정치학』(대화출판사 1996)은
출간 때에도 호평을 받았지만 작금의 현실에 주는 함의가 큰 책이
어서 다시 음미할 가치가 충분하다. 리프킨의 주장을 요약하자면,
인간은 살아 있는 지구행성에 대해 책임을 지는 존재가 되어야 하
고 생명권 보전에 실패하면 안전, 안정, 안보도 없다는 것이다.

이런 방향으로 가려면 익숙한 전제들을 내려놓을 줄 알아야 한
다. 국민국가의 틀에 갇힌 국제정치, 다국적기업이 무한 번영을 가
져다줄 것이라는 기대, 경제와 환경을 분리해서 보는 태도, 기술이
모든 문제를 해결해줄 것이라는 환상, 군사력에 기댄 냉전식 안전
보장 관념, 이런 것들과 결별해야 한다고 저자는 역설한다.

리프킨은 15세기 잉글랜드에서 시작된 인클로저 운동이 오늘
날 부활했다고 지적한다. 땅, 공기, 전자기장, 외계, 심지어 유전자

까지 인간이 통제하는 영역으로 재정의되고, 하나하나가 상업적 사유화의 대상으로 전락했다. 커먼즈의 상품화는 계몽주의의 총합이자 귀결이고, 근대 서구문명의 종언을 예고한다. 이 얼마나 아이러니인가. 인간 이성으로 자연을 절대적으로 지배하면 정치, 경제, 군사의 절대적 안정이 올 것이라 믿었지만 그것이 지구행성 차원의 생화학적 조성 변화와 인간존재의 기반인 생명권의 붕괴로 이어지다니.

『생명권 정치학』은 이런 비극에서 벗어나려면 인간의 의식과 철학이 완전히 변해야 하고 안보와 안정을 완전히 다르게 개념화하며 생태적 공존에 부합하는 새로운 세계관이 필요하다고 말한다. 공동체의 평화는 생명권 보전에 의해 좌우된다. 리프킨의 주장을 현재의 이스라엘-하마스 전쟁에 대입해보면 생명권 패러다임이 어째서 중요한지 알 수 있다.

팔레스타인에서 인간안보와 사회생태적 정의가 어떻게 밀접하게 연계되었는지 간략히 살펴보자. 1967년 이래 이스라엘은 점령지의 생태계와 지형을 완전히 바꿔놓았다. 경작지를 약탈하고 환경을 파괴했으며 그 과정에서 팔레스타인 주민들을 철저히 통제하고 착취했다. 생태학살(에코사이드)을 통해 팔레스타인 대지는 아파르트헤이트의 땅으로 전락했다.

팔레스타인의 전통적 생태환경을 유럽식 식생과 풍광으로 대체해온 것 자체가 아파르트헤이트 진행 과정이었다. 올리브, 무화과, 참나무, 케럽, 산사나무를 캐낸 자리에 유럽산 소나무를 대량으로 식목했다. 팔레스타인 주민들에게 그것은 전통문화의 파괴이자,

생경한 지형의 강요, 더 나아가 주민들의 사회적·역사적 정체성의 단절을 의미했다. 소나무는 물을 많이 흡수해 주변의 하천을 말라붙게 한다. 불에 타기 쉬운 목질 탓에 팔레스타인 땅은 잦은 산불 재난의 현장이 되어버렸다.

팔레스타인 지역에 이스라엘의 공해유발 업체가 이주해왔고 대규모 쓰레기매립장이 여기저기 들어섰으며, 이스라엘의 생활하수를 배출하고 팔레스타인으로 가는 요르단 강물의 90퍼센트 이상을 막아버렸다. 팔레스타인 민중의 건강은 그렇게 해서 망가졌다. 이스라엘의 건축용 석재 중 25퍼센트 이상이 팔레스타인 땅에서 불법적으로 채석되어온 것이다. 팔레스타인 입장에서는 매년 34억 달러의 손실이 발생한다.

가자지역의 생태학살도 어제오늘의 일이 아니다. 군 작전이 있을 때마다 건물이 파괴되면서 분진이 대기오염을 악화시켰다. 상수도 처리시설도 대거 훼손되었다. 하수처리 시설이 제 기능을 못하면서 오폐수가 바다로 직접 흘러들어가고 주민의 공중보건 상황이 악화되었다. 이번 전쟁 이전에 이미 가자지역의 물 97퍼센트가 WHO기준으로 보아 식수로 부적합한 수준이었다. 군사작전에 사용된 백린탄과 집속탄에 의한 화학물질 오염도 심각했다.

HD현대건설기계의 굴착기가 이스라엘과 가자를 가르는 차단벽 근처의 땅을 밀어냈다. 주민들이 농사를 못 짓게 하고 군 감시용 시야를 확보할 완충지대를 확보하기 위해서였다. 펜스 지대에 제초제를 대량으로 공중살포한 것은 마치 베트남전에서의 '에이전트 오렌지' 살포를 연상케 한다. 글리포세이트, 옥시플로오르펜,

디우론 등 잠재적 발암물질인 제초제 칵테일이 국경 부근의 녹지를 황폐화시켰다. 2014년 이래 그렇잖아도 좁은 가자지역에서 서울시 금천구만한 넓이의 농지가 경작불능 지역이 되었다. 최고의 품질을 자랑하던 시트러스 광귤나무 숲은 뽑혀 나가거나 말라 비틀어졌다. 이스라엘 법정은 보상을 요구하는 가자쪽 농민의 요구는 묵살하고 이스라엘 쪽 농민에게는 보상 판결을 내렸다.

이스라엘이 팔레스타인 땅에서 자행한 생태학살은 녹색식민주의의 교과서적인 사례다. 팔레스타인의 마을을 파괴한 자리에 공원, 숲, 녹지를 조성해서 팔레스타인 사람들의 귀향을 원천적으로 봉쇄했다. 이런 조치를 녹지 조성이라고 선전했으니 전형적인 그린워싱이다. 이런 유의 '정착 식민형 에코사이드'와 '정체성 말살형 제노사이드'가 연계된 것이 오늘날 가자사태의 생태적 맥락을 이룬다. 이 과정에서 여성과 아동은 특히 더 취약한 상태에 놓였다. 즉, 국지적 생명권 정치를 배경으로 하여 사회적 고통이 가중된 상황에서 비극적인 유혈충돌과 말살이 벌어지고 있는 것이다. 더 넓게 보면 중동 전체가 물부족, 식량부족, 폭염 속에서 생명권 갈등정치에다 지정학 갈등정치가 포개지는 양상으로 신음 중이다.

생명권 정치가 기존의 지정학적 갈등이나 냉전형 구조적 폭력을 대체할 것이라고 리프킨이 예견했던 점은 아쉬운 부분이다. 그런 식으로 대체되지 않았기 때문이다. 그러나 원저가 냉전이 종료되던 시점에 나왔다는 점을 감안해야 한다. 요즘의 시각으로 해석하자면 행성적 차원에서 생명권 정치가 상수가 된 바탕 위에서 지정학적 충돌과 국민국가형 대결이 병존하는 현실이라고 정리할 수 있을 것이다. 1991년에 『생명권 정치학』을 쓴 저자의 통찰이나 1996년에 번역본을 낸 옮긴이의 안목에 새삼 놀라게 된다.

　내가 보기에 생명권의 정치학에 부수되는 또다른 특징은 시간 관념의 정치적 전유다. 예컨대 2050년까지 탄소중립, 이번 세기말까지 기온 상승 2도 내 억제와 같은 시한 설정은 인류 역사상 최초로 시도되는 '시간의 정치'다. 그러니 생명권 위기를 논하는 것은 불확실한 미래 시간의 의미에 모든 것을 거는 행성 차원의 지성적 내기와 비슷하다. 아마도 우리 시대 지식인들이 마주한 새로운 도전이 아닌가 한다. 이렇게 봤을 때 『생명권 정치학』은 21세기 미래의 도전에 용기있게 응답했던 20세기 말의 특출한 저작이라 할 만하다.

개발독재시대의 생명평화운동과 장일순의 삶

김태우, 한국외대 한국학과 교수

『장일순 평전: 걸어 다니는 동학, 장일순의 삶과 사상』
한상봉

최근 세계의 중요한 변화를 바라보는 사람들의 시선은 매우 비관적이다. 한국사회는 인류역사상 최악의 합계출산율과 최고의 자살률로 표상되는 '압축소멸'(조효제)의 시대를 맞았고, 세계는 인류 실존의 위기나 다름없는 '기후위기의 시대'와 '전쟁의 시대'(박노자)를 관통하고 있다. 사람들은 지쳤고 미래에 대한 희망을 상실해가고 있다.

무위당(无爲堂) 장일순(張壹淳) 30주기를 맞아 발간된 『장일순 평전: 걸어 다니는 동학, 장일순의 삶과 사상』(삼인 2024)은, 그럼에도 불구하고 아직 우리에게 희망이 남아 있다며 다정한 위로의 말을 건넨다. 장일순은 시대의 약자들과 연대하기 위해 혹은 최악의 적들과도 소통하기 위해 오히려 내 앞에 그들을 기꺼이 앞세우고 자신을 최대한 조아려 "바닥을 기어서 천리를 가야 한다"고 말한다. 모두가 전력을 다해 앞으로 달리라고 외치던 개발독재시대에 바

덕으로 기어가라니? 그런데 놀랍게도 장일순과 교류한 당대의 수많은 인물들이 자발적으로 천천히 기어가기를 선택했다. 1970, 80년대 소위 원주그룹으로 불린 다수의 지역 활동가들뿐만 아니라, 리영희 교수와 김지하 시인 등 당대의 저명한 지식인들이 장일순의 토막집을 수시로 드나들며 그의 말을 신중히 경청하고 주저 없이 실천으로 옮겼다. 「아침 이슬」의 김민기는 장일순을 "아버지 같은 분"이라 말하며 '원주그룹'을 위해 적극적으로 헌신하기도 했다. 대학로 소극장 '학전'의 김민기가 자임했던 '뒷것'(「학전 그리고 뒷것 김민기」, SBS 다큐멘터리 2024)은 원주그룹 내의 장일순의 역할과 매우 닮아 있었다.

장일순은 이미 이십대의 젊은 시절부터 원주를 대표하는 진보적 지식인으로 명망이 높았다. 1946년 국대안 반대운동으로 인한 서울대학교 제적, 한국전쟁 이후 원주 정착과 가난한 학생들을 위한 교육사업 전개, 진보당사건과 4·19혁명의 정치파동 속에서 혁신계 후보로서 감행한 두번의 총선 출마와 낙선, 그리고 평소 주창하던 '중립화 평화통일론'으로 인한 3년의 옥고에 이르기까지, 그의 이십대는 극우반공체제에 대한 저항과 좌절로 점철되어 있었다.

출소 이후 보호관찰 대상자로서 모든 사회적 활동을 차단당했던 장일순의 일상은 1965년 지학순 주교의 천주교 원주교구 초대 교구장 부임과 함께 주요한 변화를 맞게 되었다. 당시 지학순은 제2차 바티칸공의회 정신을 따라 가난하고 소외된 사람들을 위한 평신도 중심의 교회 설립에 매진하고 있었다. 그리고 이러한 지학순의 사회적 약자에 대한 관심은 자연스럽게 장일순과의 만남으로 이어질 수 있었다. 두 사람의 만남과 신뢰 형성 이후, 장일순을 따르던 김지하와 박재일 등도 세례를 받고 원주교구 활동에 적극적으로 참여하면서 소위 '원주그룹'의 초기 네트워크가 형성되기 시작했다.

1972년 남한강 유역 대홍수 피해에 대응하기 위한 원주교구의 '재해대책사업위원회' 설립은 원주그룹에 의한 지역사회활동의 본격적인 시작을 의미했다. 재해대책사업위원회는 부락개발운동과 신협운동을 3개 도, 13개 시, 90여개 농촌 부락과 10여개 탄광 지부에서 진행했다. 그런데 이들의 농촌과 광산사업은 군사정권의 '새마을운동'과는 전혀 다른 방식을 취하고 있었다. 새마을운동은 마치 정부 주도하의 전투처럼 진행되었다. 과잉생산된 시멘트가 정부에 의해 매입되어 부락들에 무상으로 제공되었고, 이를 활용한 마을길 포장과 초가지붕 개조가 '새마을운동 지도자'의 지휘하에 위로부터 강행되었다. 반면에 재해대책사업 실무 요원들은 자신을 '상담원'이라 호칭하며 오히려 '지도자' 되기를 스스로 경계했다. 상담원의 임무는 지역 주민들의 의견을 경청한 후 그들에게 가장 적합한 사업이 무엇인지 구상하여 다시 최적의 방안을 그들에게 제안하는 일이었다. 이들은 아래로부터의 긴밀한 상담활동을 통해 주민들에게 적합한 한우작목반, 약초작목반, 신용협동조합 등의 설립을 추진했다. 광산지역 책임상담원이었던 이경국은 가장 열악한 노동환경에 놓여 있던 광부들의 기본권 유린 상황을 이해시키기 위해 김금수, 천영세, 박현채 등을 불러 광부들

  4부 | 변해버린 계절 앞에서 물어야 할 것들

을 직접 교육시키기도 했다. 이와 같은 아래로부터의 노력은 결국 20만명 태백 탄전 광부들을 설득하여 15군데의 신용협동조합과 50군데의 소비조합을 창출해낼 수 있었다.

1970년대 후반부터 장일순은 운동의 방향을 생명운동으로 전환하기 시작했다. 개발독재국가는 농업에서도 더 많은 생산량의 확보를 위해 비료와 농약을 과도하게 살포하며 생태계를 교란하고 토지를 황폐하게 만들고 있었다. 장일순은 "땅이 죽어가고 생산을 하는 농사꾼들이 농약 중독에 의해 쓰러져"가는 모습을 일상적으로 보면서, "인간만의 공생이 아니라 자연과도 공생하는 시대"적 목소리의 필요성을 절실히 느끼게 되었다. 원주그룹의 반개발 생명평화운동 또한 자기 운동의 연장선상에서 자연스럽게 '아래로부터' 형성된 것이었다. 이후 장일순은 생명운동에 기반한 도농농산물직거래운동인 원주소비조합과 한살림농산의 창립을 추동하였고, 1989년 한살림모임 창립총회를 통해 「한살림선언」을 발표하기에 이르렀다.

흥미롭게도 「한살림선언」은 "가치관에 있어서는 한민족의 오랜 전통과 맥을 이어오고 있는 동학의 생명사상에서 그 사회적, 윤리적, 생태적 기초를 발견"했다고 천명하고 있다. 『장일순 평전』의 부제에서 확인할 수 있는 것처럼, 장일순은 '걸어 다니는 동학'이라는 별칭으로 불릴 정도로 동학의 2대 교주였던 해월(海月) 최시형(崔時亨)을 숭모하고 있었다. 장일순은 직접 해월의 집터를 발견하여 추모비를 세웠고, 그 추모비에 손수 해월이 설파한 삼경(三敬: 敬天, 敬人, 敬物)의 의미를 새겨넣기도 했다. 장일순은 지난 백년 동안 한국사회가 모든 사람의 에너지를 경제성장과 산업화에 집중하면서 오히려 인간 생존의 터전을 와해시켰다고 인식했고, 동시에 이 심대한 위기 해결의 실마리를 백년 전 동학사상에서 찾아낼 수 있다고 확신했다. 달리 말해 장일순은 이미 백여년 전에 동아시아적 세계관의 비판적 계승과 서학에 대한 주체적 대응을 모색했던 소위 '개벽파'의 사상을 통해 현대 한국사회와 인류의 실존적 위기를 돌파해나갈 수 있는 지혜를 얻을 수 있다고 믿었던 것이다. 한치 앞도 전망하기 힘들었던 암울한 군사독재 시대에도 백여년의 통시적 전망을 품은 채 '지구적으로 생각하고 지역적으로 행동하라'고 일깨웠던 장일순의 사상과 실천은 위기의 시대를 살아가는 오늘날의 우리에게 많은 것을 시사하고 있다.

성장은 답이 아니라고 끊임없이 말하기

윤은성, 시인/기후생태 활동가

『경제성장이 안되면 우리는 풍요롭지 못할 것인가』
C. 더글러스 러미스, 최성현·김종철 옮김

기후위기를 체감하게 되면서 나는 점차 민주주의에 관심이 생기기 시작했다. 지구 지표면 온도가 상승함에 따라, 부를 독점한 일부가 자본주의체제하에서 벌이는 파괴적 활동과 착취 시스템에 의해, 생태계는 전에 없이 '절멸'을 향하고 있다. 이 상황에서 기후위기에 대응한다는 것은 무엇을 뜻할까. 더이상 착취에 가담하지 않고 지구의 존재들을 지킨다는 것은 어떤 구체적인 모양으로 나타나는가.

누군가는 기후정의행진에 나서거나 시위를 조직하고 생태학살 현장을 지킨다. 새만금과 새만금신공항 건설 예정지인 수라갯벌 또는 다른 신공항건설 예정지로 오래된 자생 동백림이 깎여버릴 상황에 놓인 가덕도를 찾는다. 또 누군가는 닫혔던 세종보 수문이 한동안 개방된 후, 서서히 원형을 회복해가기 시작한 금강을 찾는다. 그곳에 새로이 형성된 모래톱에서 멸종위기종 생물들을 다시 마주하며 그들에게 사죄한다.

이와 같은 상황 속에서 감사 좀 제대로 해달라고, 토건사업을 그쳐달라고 촉구하기 위해 법원에 제출할 서명을 받는 이들도 있다. 낙동강의 독성 강물을 바라보며 이제는 '녹조라떼'라는 자조조차 하지 못하는 채로 신음한다. 누군가는 화석연료체제에서 재생에너지체제로 전환하기 위해 싸우며 대도시에서 에너지 사용량을 줄이라고 에너지 불평등에 대해 간곡하게 말한다. 10년 전의 밀양 송전탑 행정대집행에 대해 그리고 현재 경주 월성핵발전소 인근 주민들의 암 발병으로 인한 이주대책 수립을 촉구하는 긴 투쟁에 대해 빠짐없이 증언한다. 하지만 이 모든 일은 쉽게 받아들여지지 않거나 지난한 싸움으로 이어진다.

그사이 누군가는 성공 가능성이 낮고 천문학적인 액수가 투입되는 석유 시추를 시도한다. 중대재해 발생 확률이 높은 노후화된 핵발전소의 수명을 연장하며, 새로운 핵발전소를 추가로 짓는 데에 박차를 가한다. 농부들이 상승해버린 평균기온에 적응할 새 없이. 기온이 변화해버린 지역상황에 맞는 새로운 작물을 다시 찾아낼 새도 없이. 폭염 속에서 일하다 쓰러지는 노동자를 그 누구도 돌보지 않고 책임조차 회피하는 바로 이 시점의 일들. 이 모든 게 지금이 기후비상사태임을 모두가 알아차릴 수밖에 없었던 2024년의 일이다. 언제까지 이같은 소식들을 들어야 하는 것일지.

C. 더글러스 러미스(C. Douglas Lummis)의 『경제성장이 안되면 우리는 풍요롭지 못할 것인가』(녹색평론사 초판 2002, 개정판 2011)는 얇은 책이다. 2002년에 한국에서 번역 출간되고 많은 이들이

 　　　　　　　4부 | 변해버린 계절 앞에서 물어야 할 것들

읽은 이 책을, 사두고 오랫동안 읽지 않았다. 이유는 단순했다. 제목이 너무 많은 것을 말해준다고 느꼈기 때문이다. 기후재난과 기후위기 대응, 생태계 파괴, 동물권 및 반(反)종차별 논의 등 최근 정말 상황이 좋지 않다는 것을 방증하듯 쏟아지는 많은 책과 자료와 모임과 활동들을 따라가다보면 계속해서 새로운 경악할 일들과 마주하게 된다. 날마다 너무나 아픈 소식들이 쏟아지며 날로 자본의 움직임이 교묘해지는 이 시점에, 20여년 전의 이 책이 제목의 명료함에 비해 무언가 정확한 도움이 되리라는 기대를 하지 못했다. 아니 오히려 너무 정확한 진단을 앞서 하고 있었을까봐 지레 그 따끔한 질문 쪽으로 선뜻 마음을 열지 못했다.

나는 2022년 관악구 반지하에 살던 세 모녀가 폭우에 갇혀 집 밖으로 나오지 못했던 사건과 함께 그해 장마가 내게 깊이 각인됐다는 걸 느끼곤 한다. 당시 나는 기후위기가 더는 위기가 아니라 재난 그 자체로 생생하게 느껴졌다. 이후 내가 세상을 보는 방식에 체계가 생겼다. 기후위기 앞에 서면서 혼란스럽기보다는 오히려 세상이 굴러가는 방식을 알게 되어 홀가분했다. 의미 없이 사회에서 성과를 추구하는 일을 그만두고 싶었고 막상 그러려고 보니 성과를 추구하는 데에 이미 길들어 내적인 균열과 부침을 많이 겪는 내가 안쓰러웠고, 때론 미웠으며, 동시에 대견했다.

이 책을 읽은 건 기후위기 그리고 생태계 파괴 앞에서 최근 많이 논의되는 '커먼즈'나 '돌봄'과 같은 밀도로 민주주의를 살펴야 하지 않을까 하는 생각에 러미스의 또다른 책 『래디컬 데모크라시』(한티재 2024)를 먼저 읽게 되면서였다. 『래디컬 데모크라시』는 출간된 지 꽤 오래되었지만(1996) 우리나라에는 2024년 번역 출간되었다. 1987년에 한국에서 태어난 나는 민주주의를 시민들이 투쟁을 통해 얻어낸 것, 군부독재 이후의 사회체제라는 의미로 내면화했던 듯하다. 『래디컬 데모크라시』를 읽으며 평화와 존중이 그 근간이며 단위의 규모가 어떻건 '참여' 민주주의 안에서 주체들이 성원권을 가지고 정치적으로 목소리를 낼 수 있다는 것, 그리고 민주주의가 서로를 돌보는 '인프라'여야 한다는 것을 읽을 수 있었다.

민주주의는 경제체제일 수 없다. 이 지점이 기후비상사태 속 우리에게 중요한 대응의 단초가 되어준다. 저자는 『래디컬 민주주의』와 『경제성장이 안되면 우리는 풍요롭지 못할 것인가』에서 이에 대해 힘주어 말한다. 경제논리로 누군가 착취되는 것이 자연스러운 사회에서는 고립과 생존경쟁에 내몰린다. 그러나 자본주의 경제와 결합하지 않은, 래디컬한 민주주의는 다르다. 서로를 돌본다. 굳이 누군가와 비교해 자신의 결여를 채우려 들지 않으며, 있는 것 안에서 자급자족한다. 서로를 경제적인 이유로 해치지 않으리라는 믿음이 있으므로 안전하다. 그와 같은 민주주의는 차이를 차별로 바꾸지 않고 있는 그대로의 존재들을 존중할 것이다.

그런 민주주의라면 나는 얼마든지 성원으로서 참여하고 싶었다. 민주주의라는 개념어를 모르는 채로도 이미 참여 '되고' 있는 것으로서, 민주주의적 장치가 상식으로서 공기처럼 가득한 사회를 상상해볼 수도 있겠다. 기후위기와 생태파괴를 가속화하는 것도 모자라 전쟁을 원조하고 그린워싱을 일삼으며, 식민주의적인 발상으로 우주까지 개척을 시도하려는 자본의 위력 앞에서 속지 않겠다고, 계속해서 동료들과 함께 이 땅에 속하여 상호 연대하겠다고 선언하고 싶었다.

『래디컬 민주주의』에 이어 『경제성장이 안되면 우리는 풍요롭지 못할 것인가』에서도 같은 주제가 반복된다. 저자가 힘을 주어 설명하는 것 중 하나는 '발전'(development)에 대한 통찰이다. 어휘 'develop'은 자동사지 타동사가 아니다. 그러므로 "(개발도상국을) 발전시킨다"는 표현은 문법적으로 맞지 않다. 글로벌 북반구를 발전의 이상으로 삼아 그들은 애초에 그들이 말하는 '발전'이 불필요했던 피식민지 선주민들을 착취하는 구조를 확립했다. 이런 장면들을 떠올릴 때 선주민의 입장에 동화되어 화가 난다. 서글프다. 내가 당한 것이 아니더라도 그렇다. 과연 나는 『경제성장이 안되면 우리는 풍요롭지 못할 것인가』를 읽다가 화가 나고 말았다. 그건 너무 맞는 말이었기 때문이다.

정치사상가인 저자는 미국에서 일본으로 가 토오꾜오 츠다대학에서 1980년부터 강의를 했고 퇴임 이후에는 오끼나와에서 활동하고 있다. 20년 전의 저자도 지겨워하며 말하듯 착취를 성장으로 둔갑시키는 이데올로기에 '지겨울 만큼' 지지 않고 기후위기에 대해 목소리를 함께 내보자는 생각을 해본다. 저자는 이 사회를 지배하는 '상식'이 바뀔 수 있다고 말한다. 그것을 바꾸는 힘은 바로 각각의 주체들에게 있다. 거기에서부터 자신감과 밝은 기운을 얻는다. 저자의 활기에 기대어 더, 더 '성장' 이데올로기를 지겨워하자.

산불 이후의 세계

박대우, 출판편집자/온다프레스 대표

『산불은 마을을 어떻게 바꿨나』
신하림

『산불은 마을을 어떻게 바꿨나』(바른북스 2024)는 경제학 박사이자 강원일보 기자인 신하림이 2019년부터 2023년까지 4년여간 강원도 고성에서부터 삼척에 이르기까지 영동지역 일대를 취재하며 각지의 산불 피해를 기록한 재난참사 보고서이자 백서다. 산불이 발생할 때마다 언론은 연일 그 피해규모를 대서특필하지만 그 관심은 길어야 한달까지만 이어진다. 그뒤로 피해지역의 사람들이 어떻게 일상을 영위하는지를 다루는 언론은 극히 드문 상황에서, 지역 언론인의 이같은 끈질긴 탐사보도는 진정 귀하고 값지다. 이로써 근 10여년간의 영동지역 산불 피해자들은 다시 한번 자신들의 처지를 공론화할 수 있으니 얼마나 다행스러운 일인가 모르겠다.

이 책에서 줄곧 지적하는 것처럼, 이재민들의 피해는 생각보다 막대했고 보상은 그 피해규모에 비해 턱없이 모자랐다. 내가 사는 강원도 고성에서는 2019년 4월 산불 한건으로만 이재민 수

1,100여명, 피해액 1,300억원이 발생했고 그외의 영동지역 산불(2019~23년 발생) 중에서 정부의 특별재난지역으로 지정된 곳의 피해만을 따져보면 이재민 수 1,250여명, 피해액 2,950억원에 달한다(7~16면).

산불 피해자들에 대한 가장 큰 오해는 그들에 대한 정부지원이나 시민들의 후원이 넉넉해서 재난 이전의 삶을 온전히 회복했으리라는 것이다. 하지만 산불이 난 지 벌써 6년이 지난 지금까지 거의 대부분의 피해자들이 자신의 본래 거처로 돌아가지 못하고 여전히 임시 가건물(컨테이너)에서 생활하는 것을 아는 이들은 드물다. 그들이 왜 컨테이너에서 지내느냐고 묻는다면, 주택이 모두 불에 탄 경우 지급된 주거비가 총 3,300만원에 불과하다는 사실을 이야기해주고 싶다(50면). 이 액수를 듣고 집을 새로 짓거나 다른 집을 구입할 수 있을 것이라고 생각하는 이는 없을 것이다.

2019년 고성 산불을 직접 목격하고 그 후속조처들을 쭉 지켜봐온 나로서는 당시 재난지원금을 둘러싸고 행정안전부가 한국전력공사(이하 '한전')에 구상권 소송을 제기한 이유가 여전히 납득되지 않는다. 구상권이란 사회적 재난이 발생하고 그 재난의 원인 제공자가 있을 경우 정부가 재난 처리를 위해 부담한 비용을 해당 원인 제공자에게 청구할 수 있다는 개념으로서, 이 책의 필자 신하림은 이 구상권 소송을 끈질기게 보도해왔다(근 5년간 지역민들을 위해 관련 내용을 소상히 정리해준 이는 그가 거의 유일하다).

이 책에 따르면, 대한민국 정부의 구상권 소송이 처음 제기된 것이 바로 2019년 고성 산불 때부터다. 당시 감사원이 정부가 3자협의체(행안부, 지자체, 한전)를 구성해 해당 사안을 해결할 것을 권고했음에도 불구하고, 정부는 그 권고를 따르지 않았다. 그리고 한전을 향한 장기 소송전을 벌임으로써 사건 발생 이후 무려 5년이 지난 2024년까지도 주민 배상이 지체되는 해괴한 일을 자초했다(2024년 7월 대법원이 한전의 손을 들어주었고, 그전에 한전은 이 재판 결과와는 상관없이 자체적으로 기준을 마련해 주민 배상을 마쳤다). 이 혼란 속에서 자구책을 마련하며 동분서주한 것은 오로지 이재민들뿐이다.

알음알음 크고 작은 대책위에서 혹은 개인별로 대책을 세워가던 이재민들은 이제는 거의 대부분 뿔뿔이 흩어졌다. 더욱 큰 문제는 물적 피해를 넘어선 집단 내부의 심리적 상흔들이다. 이 책에서 소개하는 관련 사례들 중에 500년 역사를 지닌 속초의 한 마을이 산불 이후 사분오열되어 공동체를 회복하지 못하고 있다는 이야기(36~43면)와 고성의 이재민 비상대책위가 둘로 쪼개져 지금까지 서로를 비방해오고 있다는 이야기(124~38면)가 가슴 아프게 다가온다. "산불 나기 이전에 있던 옛날 집들은 담도 없고 대문도 열어놓고 마당도 수시로 드나들며 왕래했는데 이런 문화가 사라졌어요."(43면) "다른 이재민 단체를 '죽을 때까지 용서할 수 없다'는 사람도 있었다. 철천지원수란 이럴 때 쓰는 말일 것이다."(127면)

대형 재난참사가 사회적 약자에게 더욱 가혹하다는 사실은, 이 책이 소개하는 사례에서도 잘 드러난다. 건물을 임대해 펜션을 운영하다가 펜션 건물이 전소되며 전재산을 잃은 강릉의 이기동씨 사례는 참으로 안타깝다. 산불 발발 직후에 마을 노인들을 직접 대

    4부 | 변해버린 계절 앞에서 물어야 할 것들

피시키고 본인 또한 피해자로 묵고 있던 임시대피소에서 빨래봉사까지 자처했던 그는 건물주가 아니라 세입자라는 이유로 900만원이라는 어처구니없는 액수의 보상금을 받았다(161~67면). 그가 자신의 막막한 처지를 호소하는 앞에서 '지원금을 더 많이 받으려고 저런다'는 말을 던진 이는 과연 이 실상을 잘 알고 말한 것일까.

재난 피해자들의 계층 분포는 또다른 문제다. 산불 이재민 중 고령층이 압도적으로 많다는 것은 곧 생산활동을 멈춘 세대의 경제적 불평등과 연관된다. 본래에도 격차가 크게 벌어져 있던 경제적 지위는 재난 피해로 인해서 엎친 데 덮친 격으로 심화되었다. 강원도의 조사에 따르면 이재민 중 60대 이상이 49퍼센트에 달한다. 그밖에 50대가 23퍼센트, 40대가 19퍼센트이니 중장년층 이재민만 91퍼센트에 달하는 셈이다(188면). 한마디로 "재난은 이 약점을 공격했고 약자에게 더 가혹"(107면)했다. 사회의 관심이 줄어들고 경제적인 여건마저 더욱 열악해진 상황에서 그들은 살아갈 의미를 어디서 찾고 있을까.

고성 성천리의 탁명순씨는 이렇게 말한다. "그래도 마을회관이 불에 타지 않아서 집이 없어진 주민들끼리 모여 두 달 정도 같이 지냈어요. 같은 처지의 사람들끼리 모여 있으니 그나마 위로가 되고 의지가 됐어요"(190면). 삼척 원덕읍 사곡리는 2022년 경북 울진 산불로 인해 마을 뒷산 송이밭이 모두 타버렸다. 이에 마을 이장 김동화씨가 마을 회의를 소집했다. 정부의 대체작물 조성사업에 신청하되 지원금을 각 개인이 받지 말고 마을 차원의 영농조합법인을 세워 공동으로 관리하자고 주민들을 설득해 정부 지원

3억여원을 법인 명의로 수령해서 대체 작물을 상품화하고 있다 (116면).

　겨울철 적설량이 줄고 건조 일수가 늘어나면서 영동지역의 산불은 일상이 된 듯하다. 기후변화라는 점진적 위기는 인간의 경각심을 쉽게 누그러뜨리고 우리는 어느새 이 산불을 망각해버렸다. 그렇기에 이 책에서 인간 삶의 복구 중에서도 지역공동체의 관계 회복을 강조한 대목(178~82면)은 주목할 만하다. 필자는 2022년 3월 강릉과 동해에서 축구장 5,800개 면적을 태운 산불이 마을 토박이의 수십년간에 걸친 오해와 반목, 무시 때문이었다고 적으며 "단절된 관계, 누적된 사회 갈등, 불신이 대형 산불의 불씨"가 된다고 지적한다. 필자의 말처럼 "산불은 관계를 망가뜨리지만 반대로 망가진 관계가 산불을 일으키기도"(182면) 하는 것이다.

　피해복구가 여전히 요원한 상황에서 '관계의 회복'을 말한다는 게 조금은 한가한 소리로 들릴 수도 있겠다. 다만 우리가 만약 산불이라는 거대한 기후변화의 결과물 앞에서 무력감만을 느낀다면, 그 무력감을 극복하는 데에 내 이웃과 곁을 살피는 일이 꽤 힘을 발휘한다는 사실을 이야기해주고 싶다. 재난 피해 보고서이자 백서인 이 책의 행간에서는 인간 공동체의 복구뿐 아니라 자연 전체의 회복을 권한다. 송두리째 탄 자신의 집 앞에서 소나무의 안녕을 바라던 어느 노인의 말처럼 말이다. "낭구(나무)가 없어서 허전해요. 예전에는 바람이 아무리 불어도 낭구가 막아줬는데…"(201면).

　　　　　4부 | 변해버린 계절 앞에서 물어야 할 것들

5부
세상을 바꾸는 문화의 힘

내란사태와 시민적 교양의 의미

윤지관, 문학평론가

『교양과 무질서』
매슈 아널드, 윤지관 옮김

매슈 아널드(Matthew Arnold)의 『교양과 무질서』(한길사 초판 2006, 개정판 2016)는 빅토리아 시대로 불리는 영국 19세기 후반의 사회적 갈등과 혼란의 와중에서 출간된 정치평론서다. 도시노동자들의 선거권을 인정한 제2차 선거법 개정(1867)을 전후하여 1년 넘게 벌어진 정치논쟁에서 아널드가 민주주의의 확립을 위해 교양이 다른 어떤 정치적 의제보다 중요하다고 주장한 것은 잘 알려져 있다. "사물을 있는 그대로 보고" "최상의 것을 기준으로" 완성을 추구함이라는 교양에 대한 고전적 정의가 수립된 것도 바로 이 책에서다. 내란사태가 아직 종식되지 않은 시점인 2025년 봄밤에 150여년 전의 고전을 다시 펼치는 마음은 각별하다. 그가 말하는 교양이야말로 나라의 운명에 치명상을 줄 수도 있었던 이번 사태를 막아낸 힘의 원천이라는 생각 때문이다.

한밤의 계엄령 선포와 국회에서의 해제의결 그리고 이어진 대

통령 탄핵소추와 체포라는 긴박한 내란진압의 과정은 고비 고비
마다 모습을 드러낸 시민적 교양의 발현이 없었다면 지금의 국면
에 이르지 못했을 것이다. 계엄령 소식을 접하자 국회 앞으로 뛰쳐
나온 시민들을 시작으로 무도한 작전 명령에 소극적으로 임하여
사태의 악화를 막은 군인들, 그리고 대통령 체포영장의 집행을 막
으라는 부당한 지시를 따르지 않은 경호처의 일반 직원들은 저마
다 상식에 기초한 그들 나름의 교양의 수준을 보여주었다. 이번 계
엄령의 시대착오적인 성격은 그 주동자들이 우리 사회 일반에 형
성된 시민적 교양이라는 방벽을 고려하지 못한 데서 비롯된다. 오
늘의 군인은 더이상 저 1980년대의 군인이 아닌 것이다.

『교양과 무질서』는 논쟁적인 책으로 당대의 민주화를 둘러싼 갈
등국면에서 교양이냐 무질서냐의 양자택일의 질문을 던진다. 그
것이 배경으로 하는 1860년대 영국의 정치환경은 21세기 한국의
상황과는 물론 다르다. 이 격동과 전환의 시기에 새로운 세력으로
등장한 노동계급의 정치적 요구와 극렬한 투쟁이 시민들에게 우
려와 공포를 야기하기도 했다. 1866년 하이드파크 소요가 그 대표
적인 사례로, 노동조합을 중심으로 한 개혁연대가 당국에서 불허
한 야외집회를 강행하다 폭력 및 유혈사태를 빚은 것이다. 아널드
가 말하는 무질서도 직접적으로는 바로 이 사태를 지칭하고 있다.

노동계급의 정치적 권리 투쟁과 선거권 획득 운동은 영국의 민
주주의를 위한 필연의 과정이라고 할 수 있다. 그 과정에서 일어난
소요사태를 무질서로 규정하고 교양의 결핍을 거론하는 아널드
가 이 논쟁에서 당대 진보 논객들과 언론의 집중공격을 받은 것은

당연해 보인다. '보수적'이고 '엘리뜨주의적'이고 '관념적'이라는 비판이 이어졌고, 사실 아널드 자신도 이 책을 마무리하면서 다음과 같은 문제의 발언을 남겼다.

우리에게는 사회의 골격, 이 장엄한 드라마가 펼쳐져야 하는 무대는 신성하며, 누가 그것을 운영하더라도, 그리고 아무리 우리가 그들의 운영권을 박탈하려고 애쓴다 할지라도, 그들이 운영을 맡고 있는 한 우리는 변함없고 일사불란한 마음으로 그들이 무질서와 혼란을 억누르는 것을 지지한다. 왜냐하면 질서가 없이는 사회가 있을 수 없고 사회가 없으면 인간의 완성도 있을 수 없기 때문이다.(개정판 243면)

1969년 이 책 발간 100주년 기념 강연에서 레이먼드 윌리엄스(Raymond Williams)가 비판하다시피 이 단언이 변화에 따르기 마련인 혼란을 '무질서'로 몰아붙이는 체제옹호자들의 반응을 전형적으로 보여주고 있다고 볼 여지도 없지 않다. 그러나 한가지 짚어야 할 것은 당대의 현실에서 아널드의 입지가 보수적이라고 하더라도 그가 제기하는 교양이냐 무질서냐의 물음은 민주주의라는 체제의 수립을 위한 좀더 장기적인 기획과 맞물려 있다는 점이다. 거기에는 민중의 통치라는 민주주의체제 자체의 어떤 모순에 대한 인식이 내재해 있다. 권력의 분배를 좀더 공평하게 하는 정치적 조정의 차원을 넘어서 다수에 의한 진정한 통치가 어떻게 가능한지를 질문하고 있기 때문이다.

법원 습격이라는 전대미문의 폭동까지 야기한 무질서의 충동이 난무하는 상황을 겪으면서 우리 사회는 이제 새로운 차원에서 진정한 민주사회를 구축해나가야 할 과제 앞에 다시 서게 되었다. 국민이 권력의 주체라는 명제는 우리 헌법에도 규정된 민주공화국의 기본원리이지만, 과연 그 국민은 누구인가? 계엄의 부당성을 비판하고 내란 종식을 요구하는 시민들이 국민이라면 내란범을 옹호하는 무리 또한 자신들이 자행한 폭동을 국민의 권리라고 내세운다. 그렇다면 서로의 정당성을 주장하며 광화문 네거리를 사이에 두고 모인 이 두 군중을 구별해주는 것은 무엇인가? 다수의 지배권을 인정하는 것이 민주주의지만, 아무리 세를 과시하더라도 숫자의 우위로 충분한 것은 아니다. 편협한 믿음이 아니라 상식에 근거한 올바름에 대한 인식과 사물을 있는 그대로 보려는 태도, 그리고 개인주의를 넘어서 이웃과 함께하려는 마음 즉, 시민정신의 유무가 이 두 집단을 구별하는 기준이라면, 그것이야말로 아널드가 교양의 이념을 내세워 역설하던 바다.

아널드의 말썽 많은 앞의 구절도 이처럼 교양의 이념이 '사회의 골격'으로서의 국가와 결합해 있다는 점을 고려하면서 다시 읽어야 할 필요도 있다. 아널드에게 교양은 내면적인 완성의 추구이면서 동시에 민주사회의 토대라 할 시민적 주체의 소양과 맺어져 있다는 점에서 공적이기도 하다. 그것은 자신의 계급이나 집단의 파당성이나 이해관계를 넘어서 공동체의 이익에 참여하고자 하는 시민으로서의 의식과 상통한다. 그런 까닭에 민주국가의 존립근거에 대한 위해가 닥치는 경우 국가의 공권력 행사는 정당성을 얻는다. 어디까지를 그 기준으로 볼 것인가의 문제는 남지만, 일부 국민의 집단적 주장이나 무질서한 행위가 국가의 권위로, 그리고 더 깊이에서는 교양의 이념으로, 억제되어 마땅하다는 것은 이번 내란사태 동조자들의 행태를 보아도 명백하다.

아널드의 국가론은 현존하는 국가라기보다 공동체의 일반의지를 담은 이념적인 국가를 전제한다. 그렇지만 다수의 지배라는 민주주의 내부의 딜레마를 극복하는 길은 이같은 민주국가의 이상에 따라 시민주체들을 거기에 걸맞은 국민으로 형성하는 방법밖에 없는지도 모른다. 그것이 바로 아널드가 교양의 사회적 효용으로 내세우는 바이며, 앞의 구절에서 '사회가 없으면 인간의 완성도 없다'고 말한 소이다. 아널드는 커다란 변화가 필수이되 '법에 합당한 진행에 따른 혁명'을 추구하는 것이 이 시대의 흐름이라는 일관된 입장을 견지한다. 그의 판단은 진정한 민주체제의 확립이 국가적 과제로 대두한 지금 이곳의 상황에서도 적실한 것이다.

법에 따른 변혁은 시민들 사이에 교양이 폭넓게 자리 잡고 있을 때에만 원활하게 이루어진다. 그러나 이번 내란사태에서 불거진 일부 극단주의자들의 행태는 우리 사회에 잠복해 있는 반교양적인 무질서 충동의 일단을 적나라하게 드러냈다. 또 이를 통해 증폭된 국민들 사이의 분열양상은 내란사태가 종식되고 나서도 쉽게 사라지지 않을 것처럼 보인다. 과연 『교양과 무질서』에서 아널드가 지향하는 교양의 일반화가 이루어질 그날은 올 것인가? 이 물음 앞에서 우리는 반교양적인 환경을 만들어내는 원인으로서의 불평등이라는 문제에 부닥칠 수밖에 없다. 구조화된 불평등이야말로 극단적인 무리를 키워내는 온상과 같은 것이기 때문이다. 아널드가 다른 무엇보다 불평등이 영국사회가 반드시 해결해야 할 병폐임을 강조한 것도 그런 연유에서일 것이다.

싸우지 않아서 생겨나는 것

최민우, 소설가

『도플갱어』
나오미 클라인, 류진오 옮김

캐나다 작가 나오미 클라인(Naomi Klein)은 『노 로고』(*No Logo*, 1999), 『쇼크 독트린』(*The Shock Doctrine*, 2008) 등의 저서를 통해 글로벌 자본주의와 신자유주의의 착취 전략을 파헤침으로써 국제적인 명성을 얻은 진보적 행동가다. 이런 소개에 말을 보태면 보통 다음과 같은 단어가 더 따라붙는다. 도발적인, 단호한, 예리한, 논증적인, 실천적인 등등. 이 단어들을 목걸이로 꿸 수 있는 실은 '확신'일 것이다. 확신은 분명한 구분을 전제한다. 너와 나, 우리와 그들, 동지와 적⋯⋯ 그 경계를 가르는 선이 늘 또렷하지는 않더라도 확신의 눈은 이쪽이 아닌 저쪽에 있는 얼굴을 알아본다. 클라인의 최근작 『도플갱어』(글항아리 2024)는 그 저쪽 얼굴이 자기 얼굴과 아주 흡사하다는 걸 발견하면서 흔들리기 시작한 확신을 탐구한 기록이다.

시작은 두명의 나오미다. 클라인은 지난 10여년 동안 자신이 또

다른 '나오미'와 종종 혼동 당하는 바람에 난처했다는 사실부터 털어놓는다. 그 나오미는 바로 진보적 페미니스트에서 코로나 백신 음모론 선동가가 된 작가 나오미 울프다(이 변모에 대해 클라인이 세운 공식은 다음과 같다. "나르시시즘(과장성)+소셜미디어 중독+중년의 위기÷대중적 망신=우파 멘붕", 174면). 소설가 필립 로스(Philip Roth)가 『샤일록 작전』(비채 2025)에 쓴 대로 '심각하게 받아들이기엔 너무 가소롭고, 가소롭다기엔 너무 심각한' 이 황당한 상황을 파고들면서 클라인은 정치와 문화 전반에 만연한 도플갱어, 혹은 거울 세계를 발견한다. 그 거울에 비쳐 보이는 것은 "우리 자신의 악의적 쌍둥이"(222면)다.

클라인은 하나씩 짚어나간다. 우선 소셜미디어를 매개로 하는 또다른 나, 브랜드로서의 '나'에 대한 열망이 있다. 분할, 수행, 투영을 거쳐 디지털 세계에서 탄생한 도플갱어의 뒤에는 '셀프 브랜딩'에 대한 전방위적 압박이 있다. 개인 브랜드로서 관심을 끌고자 하는 필사적인 노력, 주목경제체제 속에서 영향력을 갈구하는 욕망은 코로나 시기에 횡행했던 극우 음모론과 접속하면서 폭발적인 위력을 발휘한다.

책의 하이라이트라 할 수 있는, 코로나 시대를 집중적으로 다루는 2장에서 클라인이 강조하는 바는 극우 음모론자들의 주장에 어떤 의미로건 일말의 '진실'이 존재한다는 점이다. 이를테면 백신 음모론은 근거가 없을지 몰라도 전염병을 기화로 국민의 사생활을 통제하려 드는 정부 정책에 빅테크 기업이 가세하고 있으며, 이를 통해 수집되는 개인정보가 안전하게 관리되고 있는지 장담할 수 없다는 우려에는 현실적인 근거가 있다. 백신의 안전성이 충분히 설명되지 않았다고 생각해서 불안한 사람도, 개인의 책임을 강조한 방역정책 때문에 생계가 위태로워진 사람도 있다. 그러나 이런 우려와 위기는 코로나 극복이라는 대의 앞에서 어리석은 불평이나 불가피한 희생으로 치부된다. 그때 거울 세계의 도플갱어, 우리 자신의 악의적 쌍둥이는 "우리가 방치한 주제들, 우리가 열지 않은 토론들, 우리가 모욕하고 내친 사람들"(202면)을 유심히 관찰하고 있다가 손을 뻗고 등을 두드리며 응어리를 풀어준다.

클라인에 따르면 이러한 음모론이 궁극적으로 충족시키는 것은 '정의라는 판타지'(385면)다. 오늘날의 세상이 부당하지 않다고 자신있게 말할 수 있는 사람이 얼마나 될까? 세상이 자기 말에 귀 기울여주지 않아서 서운한 사람은 또 얼마나 많을까? 국회의사당 지하에 땅굴 기지 따위는 없지만 지하철역에서 골판지를 깔고 잠을 청하는 사람들은 있다. 정치적 올바름을 퍼뜨리는 비밀조직 같은 건 없지만 변해버린 세상에서 자신의 '상식'이 조롱을 당할까봐, 아니면 충분히 편들지 않았다고 비난을 받을까봐 두려워 침묵하는 사람들은 있다. 왜곡되고 흐릿할망정, 극우와 음모론을 통해 귀환하는 것은 진보가 외면했거나 신경 쓰지 않았던 진실의 흔적이다. 또는 디지털 세상에서 '캔슬'(cancel)시키고 몰아낸 다음 아예 소멸한 듯 취급했던 것들이다. 클라인의 도플갱어는 흔히 말하는 '싸우다가 닮아가'면서 생기는 것이 아니라 '싸우지 않아서' 생겨난 것에 더 가깝다.

이 '진실'을 발설하는 극우와 음모론의 언어가 진보의 언어를 전유하고 있다는 클라인의 지적은 흘려 넘기기 어렵다. 저자의 친구가 투덜거리듯 "이젠 파시스트들이 우리 언어를 아예 베껴"(249면)간 것이다. 클라인은 다시 로스를 인용하면서 이를 '피피키즘'(pipikism, 240면)이라 일컫는다. 피피키즘은 단순한 미러링 전략에 그치지 않는다. 피피키즘은 언어의 가치를 퇴행시킨다. 극우 정치가가 자신이 타자이며 역차별을 당한다고 주장할 때 조롱당하는 것은 차별당하는 타자다. 법치를 우습게 보고 파괴하려 했던 자가 법대로 하자고 나올 때 우스워지는 것은 법이다. 말의 가치가 손상되면 토론은 사라지고 각자의 기분으로 판단하는 '헛소리'와 그 헛소리에 '긁혔는지 안 긁혔는지'를 따지는 공방만 남는다. 탈진실은 이런 토양에서 번성한다.

『도플갱어』는 저자의 개인사를 포함한 다양한 주제가 만화경처럼 빙글빙글 돌아가는 책이다. 그러다 보니 다소 산만하게 흘러가는 인상을 주지만, 대신 곳곳에서 예리한(보시라, 결국 이 단어를 쓰고 말았다) 통찰이 번득인다. '과격한' 어휘를 과감히 동원하는 생기있는 번역 덕택에 읽는 재미도 크다. 우리 식으로 말하자면 '자칭 중도 보수'쯤에 위치시킬 수 있을 '대각선주의'(169면)나 클라인이 '우리 세계의 기저'(380면)로 정의한 '음영 지대'에 대해 이야기하지 못한 건 아쉽다.

책의 마지막 부분에서 클라인은 정체성에 대한 집착을 재고할 것과 연대의 복원을 도플갱어 문제의 대응책으로 시사한다. 클라인에 따르면 연대는 어찌 보면 "행동이 말보다 쉬운"(529면) 경우다. 그 주장을 우리가 '나'로서 사는 것도 중요하지만 '우리'로서

     5부 | 세상을 바꾸는 문화의 힘

사는 것 또한 시급하지 않겠느냐는 뜻으로 이해해도 될 듯하다. 우리는 때로 너무 충만히 나로 살아간다. 충만한 나로 살아가는 건 사랑스럽고 아름다운 일이지만, 뒤집어 보면 나머지 세상을 배경으로 간주하겠다는 의미이기도 하다. 그 배경의 응달에는 당신을 닮은 존재가 당신을 예의주시하고 있다. 그 존재는 당신과 달리 시선을 돌릴 의향이 없다.

이야기의 힘, 한국문학의 저력

유희석, 전남대 영어교육과 교수

『야만적인 앨리스씨』
황정은

황정은은 한국사회의 고단하고 빠듯한 사람들에 드리운 짙은 어둠을 끈질기게 응시하면서 그 어둠에서 희미하게 밝아오는 삶의 양상을 시적으로 감지하는 작품을 다수 써냈다. 『야만적인 앨리스씨』(문학동네 초판 2013, 개정판 2023)도 그중 하나이다. 문장은 거침없고 투박하면서도 세심하고 섬세하다. 이런 문장들의 행간에 때때로 묵직한 침묵도 실리는데, 경청하는 독자라면 작중에 그려진 인물들의 각양각색 모습과 이들이 제각각 처한 현실을 거의 저절로 곱씹어보게 될 것이다. 다채롭게 변주되면서 '앨리시어'가 마주한 상황에 직간접으로 가닿는 — 간혹 '이상한 나라의 앨리스'가 연상되는 — 옛날이야기들은 또 다르다. 동생이 졸라대는 통에 들려주는 앨리시어의 이야기 말이다.

그런가 하면 그가 독자에게 직접 말을 거는 듯한, 서두부터 튀어나오는 "그대"라는 호명도 묘하게 독자의 마음을 건드린다. 이것도 단순히 말을 붙이기 위해 부르는 게 아니다. 앨리시어의 이야기를 따라 읽는 '나'를 상대로 '당신은 이런 이야기를 어떻게 생각하나'라는 식으로 작가 자신이 취조하는 게 아닌가 하는 착각마저 들기 때문이다. "그대는 어디까지 왔나"라고 반복적으로 묻고 "고모리를 기억하나"라는 말을 던지고 "다시 말해볼까"라는 식으로. 어떻게 보면 지금 읽고 있는 '소설'을 당신은 정말 제대로 읽고 있기나 한 건가 다그치는 것 같기도 하다. 서사가 진행되다가 잊을 만하면 밑도 끝도 없이 "그대는 어디까지 왔나"라고 거듭 되묻고 있는데, 어디라니, 도대체 어디가 어디고, 어디까지는 또 뭐가 어디까지라는 말인가?

『백의 그림자』(민음사 2010, 개정판 창비 2022)나 『계속해보겠습니다』(창비 2014)도 독자를 제각각 특이한 방식으로 의식하고 있지만 이 경장편이 '유인'하는 방식은 확실히 색다르다. 소설의 인물이나 상황에 대해 독자의 공감을 자아내고 투사하도록 유도하는 관습적인 서사를 아예 거부하는 것처럼 읽히기 때문이다. 이야기는 "내 이름은 앨리시어"로 시작하지만 앨리시어와 그 주변은 이내 삼인칭 시점으로 묘사된다. 일인칭 화자에서 삼인칭으로 급전환한 셈인데, 단 한번이지만 "가로등 불빛을 벗어나 어둠 속으로 들어가고 이제 나는 그들의 뒷모습을 놓친 채로 밤 속에 남는다."(78면, 이하 인용은 초판 기준)라는 문장이 보여주듯이 앨리시어와는 다른, 작가 자신인 화자도 존재한다.

이런 이야기방식을 통해 황정은은 더 들여다보고 싶은 생각이 들지 않을 정도로 가학과 피학으로 얼룩진, 피폐하고 누추하고 불결한 고모리의 세계로 독자를 이끌면서 이 학대를, 이 야만을, 이 자기기만을, 이 "씨발됨"을 다시 생각해보라는 것 같다. "추하고 더럽고 역겨워서 밀어낼수록 신나게 유쾌하게 존나게 들러붙는"(8면), 홈리스이자 여장남자인 앨리시어의 악취를 우리 코앞에 들이대면서. 확실히 이 장편은 위안과 희망이라는 한국문학의 익숙한 서사에 길들여진 독자를 불편하게 만들고 불쾌하게 도발한다.

앨리시어의 그런 체취로 가득 찬 듯한 고모리라는 지명이 어디를 가리키는지 묻는 것은 번지수를 잘못 짚은 물음이다. 고모리는 1970년대 이래 개발과 재개발 속에서 온갖 복마전이 벌어졌던—지금도 벌어지고 있는—모든 변두리지역의 대명사와 같다. 드난살이로 떠도는 뜨내기들이 주민들과 뒤엉켜 살아가는 그와 같은 현장은 1980년대 노동문학에서는 노사의 대립과 생존투쟁이 가열차게 전개되는 장소인 동시에 혁명적 낙관주의를 고취하는 소재였다. 단적으로 김한수의 중편 「성장」(1988)이 떠오른다. 황정은은 그런 낙관주의가 이젠 '역사'라는 듯이 억압과 착취에는 이골이 난 만큼이나 자신의 잇속을 챙기는 데는 귀신같은 사람들의 민낯을 낱낱이 비춘다.

작품에서 결정적 사건은 물론 앨리시어 동생의 의문사다. 앨리시어가 동생에게 반복해서 들려주는 옛날이야기들이 '본 이야기'의 변주를 이루면서 이야기 속의 이야기가 펼쳐지다 앨리시어 동생의 갑작스러운 죽음에서 작품은 종결된다. 이런 『야만적인 앨리스씨』를 개발 호재에 다들 돈독이 오른 고모리라는 도시변두리에서 일상적으로 '씨발 상태'로 급발진하는 엄마의—아빠의 수수

     5부 | 세상을 바꾸는 문화의 힘

방관 속에서 ─ 폭력에 시달리는 아들의 안타까운 사연과 팔푼이 같은 동생의 의문사라고 정리하면 얼마나 허망한가.

미묘하고도 함축적인 묘사와 대화로 구성된 작품은 1980년대와는 사뭇 달라진 2010년대의 변두리지역을 사실적으로 담아내면서 앨리시어가 직면한 '폐허'가 어쩌면 우리 자신의 내면에도 도사리고 있는 것이 아닌지 묻게 한다. 앨리시어와 고미에게 가정폭력의 내력과 가족의 화목을 권고하는 상담사의 '사회학적 설명'도 그런 폐허의 일부임은 더 말할 나위 없다. 다른 한편『야만적인 엘리스씨』에는 개발의 속도전 속에서 피폐하고 가난해진 ─ 앨리시어의 부모가 참담할 정도로 드러내는 ─ '마음의 황지(荒地)'에 맞서는 씨앗도 뿌려져 있다. 성소수자로 살아갈 운명인 '고미'의 소박하고도 따듯한 마음씨도 그중 하나지만 앨리시어와 '야'라는 호칭으로 남은 동생 사이의 결코 간단치 않은 우애도 독자의 가슴에 뿌리를 내린다.

하지만 작품의 신축자재한 서사는 그런 마음씨와 우애의 세계에 자족하면서 독자를 다독이는 방향으로 흐르지 않는다. 그러기는커녕 '끝날 때까지 끝나지 않을' 앨리시어의 고통에 마침표를 찍는다. 작품 끄트머리의 한 문장은 이렇게 쓰여 있다. "이제 그대 차례가 되었다, 이것을 기록할 단 한 사람인 그대, 그대는 어디까지 왔나." 의문사로 처리되는 동생의 최후와 여장한 채 "씨발년"으로 거리를 떠도는 홈리스 앨리시어의 모습을 그리면서 황정은의 시선은 "단 한 사람인 그대"로 향한다. 이 소설이 가리키는 고통을 소비하지 않는 독자만이 앨리시어의 '야만됨'과 동생의 '작은 승리'를 제대로 성찰하고 기억해주리라는 믿음이다.

　도발적인 화법과 냉철하면서도 뜨거운 관조가 어우러진 『야만적인 앨리스씨』는 우리 사회의 가려진 피폐한 주변부 현실과 짓밟힌 생의 폭발적 욕구에 관한 이야기이다. 한국작가의 노벨문학상 수상이라는 최근 찾아온 커다란 경사의 명암을 온전히 숙고해야 하는 우리에게 황정은의 소설은 그런 경사도 우연이 아님을, 한국문학의 여전한 저력을 태풍의 눈처럼 고요하게 증언하고 있다.

이별의 능력, 아니 큰 사랑: 김소월과 3·1

송종원, 문학평론가

『진달래꽃』

김소월

 『진달래꽃』이 출간된 지 어느덧 100주년이 되는 해이다. 이 시집이 1925년 소월의 스승이던 김억(金億)이 경영하던 매문사(賣文社)라는 출판사에서 출간되었고 127편의 시가 실린 234면의 두툼한 작품집이라는 사실을 아는 이는 드물 것이다(요즘의 출간 경향으로 보자면 시집 두권 분량의 두터운 시집이었던 셈이다). 그런데 서지에 대한 정보 유무와 무관하게 이 시집에 실린 구절의 일부라도 모르는 한국어 사용자를 발견하기란 꽤나 어려울 것이다. 우리는 누구나 "사뿐히 즈려밟고" 같은 구절에서 한국적 정한을 떠올리는 사람이거나 「엄마야 누나야」를 노래로 흥얼거릴 줄 아는 이, 혹은 「개여울」, 「나는 세상 모르고 살았노라」를 노래로 먼저 접하고 그것이 소월의 시임을 안 뒤 화들짝 놀란 이 중 하나일 가능성이 크다.

 익히 알려진 시편들, 가령 「진달래꽃」, 「초혼」, 「금잔듸」, 「못잊

"

어」만 생각해도 이 시집이 '이별'을 말하는 빈도가 상당하다는 사
실을 알 수 있다. 하지만 소월의 시를 이별의 정한으로 국한해서
읽는 일은 재고해야 한다. 시는 자주 감정을 다루지만 감정만을 다
루지는 않는다. 그러니 소월이 이별의 정황을 그린 시들 역시도 단
순히 감정의 문제로만 치부할 일은 아니다. 우리는 이 시집에 기록
된 이별이 어떤 능력을 불러오는지를 살펴보아야 한다. 무엇보다
'님'은 나에게 '이별'을 경험하게 하면서 동시에 '말'을 준 사람이
다. 사례를 들어보자. 먼저, 「먼 후일」. 시인은 이별의 시간 속에서
"내 말"을 특별히 구한다. 먼 훗날 당신을 잊었다고 말하지 않고,
당신과 이별한 먼 훗날 "그 때의 내 말"이라고 굳이 적으며, "잊었
노라"는 그 말을 문장부호와 더불어 따로 적는다(처음 잡지 발표
당시에는 '―' 뒤에 적었고 시집에는 낫표로 표기했다). 그러니까
님은 비로소 나에게 어떤 말문을 열어주는 사람에 가깝다.

　「진달래꽃」은 또 어떤가. 이 시에서 님은 나에게 말의 정수인
'침묵'("말없이 고이 보내드리우리다")을 가르쳐준 사람이지 않
나. 정리하면 님은 나에게 말을 주고, 말을 배우고, 말을 하게 만드
는 존재인 셈이다(소월의 시에서 이 '말'은 자주 "소리"라는 표현
으로 변주된다). 정신분석의 언어라면 이 구조에서 바로 '어머니'
를 떠올릴 것이다. 아이에게 말을 주는 존재로서의 어머니라는 자
리, 말과 함께 욕망과 그것의 좌절을 건네받는 그 자리 말이다. 그
런데 사실 저 개념으로는 님에 대한 설명이 충분하지 않다. 왜냐하
면 김소월의 님은 말만 주는 것이 아니라 '때'에 대한 감각과 '장
소'에 대한 감각까지도 전하는 존재이기 때문이다(구체적인 작품

이 너무 많아 인용이 어려울 정도이다. "나보기가 역겨워 가실 때"의 '때'와 그 '영변의 약산'이라는 장소를 생각해보라).

도대체 저 님은 혹은 그와의 이별은 어떤 능력까지 불러일으키는가. 「진달래꽃」의 곳곳에는 물의 이미지가 넘친다. '말'을 새롭고 섬세하게 배운 사람이 '물'의 심상을 발견하는 시인이 된 셈이다. (실은 소릿결을 조합하는 측면에서나 형태의 유사성을 기반으로 '말'에서 '물'을 자연스럽게 떠올리는 자가 시인이기도 하다). 그런데 이렇게 언어를 부리는 재주와 더불어 소월은 나의 내면과 다른 이의 내면 사이에 중첩된 지점들을 파고드는 능력을 시인의 주요 자질로 만들었다. 그래서 그는 '말길'과 같은 '물길'을 열어 세상을 적신 사람이었다. 소월의 시에 등장하는 그 많은 물가들이 실은 타인이나 세상에 다다르려 그가 구축한 중간지대였다는 것을 우리는 기억할 필요가 있다. 또 그의 시에 자주 등장하는 '구름'과 '눈' 또한 자연의 현상이면서 동시에 저 물의 변형이었다는 사실도 되새겨볼 만하다. 그래서 소월의 '님'은 나의 말문을 트게 한 자이면서 대화를 일으키게 한 사람이고 결국에는 내가 속한 세상의 '의미'에 이르는 길까지 인도하는 존재처럼 보인다. 그리고 의미가 어느 곳에서 어느 때에 발생하는지를 예민하게 감지한 사람이 바로 시인 김소월이었던 것이다.

저 대화를 만드는 과정에는 사회적 대화가 폭발했던 경험이 녹아 있을 가능성이 크다. 시인은 시를 만드는 사람일 뿐만 아니라 우리의 말 속에 이미 잠재해 있는 시를 발굴하는 존재이기도 하다. 그것은 시인 개인을 특권화하는 방식에서 벗어나 시의 출처를 시인

너머의 세계로 전환해준다. 이러한 관점에 따르면 시인은 자신을 둘러싼 세계에서 길어올린 시적 목소리를 지면 위로 데려오는 자이다. 물론 이 과정에 어떤 변형이 작동하기 마련이다. 여기까지에둘러온 이유는 시집이 출간되기 여섯해 전에 3·1이 있었던 사실을 떠올리기 위해서였다. 3·1의 여진 속에서 사건에 충실성을 더한 주체들의 목소리가 사회에 지속되었으며 그 목소리가 변형을 통해 시의 지면에 올라왔을 가능성을 탐색해볼 필요가 있다.

우리들은 지금 분발하여 떨쳐 일어났도다. 양심이 우리와 함께 있으며, 진리가 우리와 함께 나아간다. 남녀노소 할 것 없이 어둡고 답답한 옛 보금자리에서 떨쳐 일어나 삼라만상과 더불어 기쁘고 유쾌한 부활을 이루어 내게 되었다. 먼 옛날부터 모든 조상들의 영령이 우리들을 남몰래 돕고, 온 세계의 기운이 우리들을 밖에서 보호하고 있다.

──「3·1독립선언서」 부분, 번역은 국사편찬위 홈페이지

3·1은 우리에게 무엇이었나. 그것은 우리에게 어떤 '때'의 지각을 증폭시킨 사건이었다. 이제는 낡은 사상과 당시 인류의 문제로부터 분연히 떨쳐 일어날 때라는 판단이 행동으로 이어졌다. 인류의 평등을 위협하는 제국적 질서와 전지구적 평화를 어지럽히는 전쟁세력을 잠재우고 양심과 진리에 따르자는 목소리가 거기 있었다. 그러니까 3·1은 양심과 진리의 '목소리'를 배운 경험이기도 했다. 더불어 그 목소리가 거족적으로, 말 그대로 방방곡곡에서 울

려 퍼지는 일을 경험한 특별한 사건이었다. 이 땅 전체가 새로운 의식과 감성으로 요동친 역사의 장소가 되었던 것이다. 아쉽게도 3·1은 독립이라는 목표를 이루지는 못했지만 독립을 후일의 일로 촉진시켰다. 이쯤에서 김소월의 님을 3·1이라고 단정하는 일은 어리석은 일일 것이다. 하지만 그것을 3·1과 무관한 일로 여기는 일은 세상과 문학을 절연시키는 단순논리이자 우리의 문학사가 순수문학이라는 어휘를 매개로 경험한 증상이기도 하다. 마지막으로 소월이 3·1을 크게 의식하고 있었음을 떠올리게 하는 시편 하나를 부분 인용한다.

소박한 풍채, 인자하신 옛날의 그 모양대로,
그러나, 아 ─ 술과 계집과 이욕(利慾)에 헝클어져
십오년에 허주한 나를
웬일로 그 당신님
맘속으로 찾으시오? 오늘 아침.

아름답다, 큰 사랑은 죽는 법 없어
기억되어 항상 내 가슴 속에 숨어 있어,
미쳐 거츠르는 내 양심을 잠재우리
내가 괴로운 이 세상 떠날 때까지

─「제이, 엠, 에스」부분

소월이 자신의 오산학교 재학시절 스승이자 독립운동가로 이름이 난 조만식(曺晩植)에게 헌정한 시이다. 소월의 생애로 치자면 세상을 뜨기 1년 전인 1934년에 뜸한 시작활동 중에 발표했던 시이기도 하다. 본문에는 자신을 반성하며 다그치는 일과 관련하며 굳이 "십오년"이라는 시간을 적시하고 있는데, 34년의 15년 전은 묘하게도 3·1이 있었던 1919년이다. 그러니 세상을 떠날 때가지 자신의 "양심"을 다스리는 데 힘을 주는 저 "큰 사랑"은 조만식이란 스승으로부터 받은 것이면서 동시에 3·1의 세상으로부터 배우고 얻어낸 것이라고 보아야 하지 않을까. 소월의 시에 그려진 이별이 발휘하는 능력은 3·1이 일으킨 큰 세상을 기억하는 일과 다르지 않다.

     5부 | 세상을 바꾸는 문화의 힘

K서사의 보고 『완월회맹연』

김경미, 이화인문과학원 부교수

『현대역 완월회맹연』(1~6권)
완월회맹연 번역연구모임

『완월회맹연(玩月會盟宴)』은 안겸제(安兼濟)의 어머니 전주 이씨(1694~1743)가 지은 것으로 추정되는 한글 대하장편소설이다. 총 180권에 달하는 분량은 현재 출간되고 있는 현대역본으로 추산해 보면 4~500면 분량의 책 18권에 해당한다. 하지만 오늘날의 독자들에게 이 작품은 낯설 수 있다. 가람(嘉藍) 이병기(李秉岐)가 1940년 조선어문학 명저 가운데 이 작품을 포함시키고 "인간행락(人間行樂)의 총서"라고 소개했으나 굴곡 많은 현대사를 거치면서 이 명저는 잊혔기 때문이다. 1976년 창덕궁 낙선재에 소장되어 있던 소설들과 함께 그 존재가 다시 드러나면서 주목을 받았지만 배경을 중국 명나라로 하고 있어 『완월회맹연』은 중국 번역소설일지 모른다는 의혹을 받았다. 또 안겸제의 어머니 전주 이씨가 지은 작품이라는 기록이 나왔음에도 선뜻 받아들여지지 않았다. 180권에 이르는 방대한 분량인데다 경전이나 역사서 및 그밖의

문헌들에서 온 지식들이 능숙하게 구사되고 있어서 당시 여성들의 지식 수준으로는 쓰기 어려웠을 것이라고 판단했기 때문이다. 그러나 논란을 거쳐 지금은 전주 이씨가 단독으로 썼거나 공동 창작했을 것으로 추정되고 있다.

18세기에 이르면 시인들뿐만 아니라 임윤지당(任允摯堂)처럼 철학적인 저술을 남기거나 이빙허각(李憑虛閣)처럼 백과사전을 편찬할 정도의 지식을 가진 여성지식인들이 속속 등장했다. 전주 이씨도 그런 여성 중 한 사람으로 자신의 모든 역량을 소설쓰기에 쏟아넣었던 인물일 것으로 추측된다. 전주 이씨의 가계를 연구한 한길연에 의하면 전주 이씨에게는 지적인 여성 동료들이 있었던 것 같다. 전주 이씨의 올케인 풍양 조씨, 전주 이씨의 언니, 전주 이씨의 조카며느리 기계 유씨는 『시경』이나 『예기』를 공부하거나 소설 듣기를 좋아했으며, 성현의 훌륭한 말을 모아 기록하거나 시간이 나면 글쓰기에 몰두하곤 했는데 집안 남성들도 이를 지지하며 함께 즐기곤 했다. 규방 안의 이러한 지적인 분위기와 함께 당시 여성들에게 인기를 끌었던 한글장편소설의 독서와 창작 열기도 『완월회맹연』 창작에 중요한 몫을 했다. 그런데 전주 이씨는 집 안에서 읽고 즐기는 데서 더 나아갔다. 임윤지당이나 이빙허각이 학문적 저술을 남긴 것과 달리 허구적인 세계를 구축해서 인간을 탐구하는 데 자신의 힘을 쏟았다. "궁중에 흘려보내 명성과 영예를 넓히고자 했다"는 조재삼(趙在三)의 기록에서 보듯 전주 이씨는 이 작품을 통해 자신의 이름을 알리고 싶어하기도 했던 적극적인 여성이었다.

당시 궁중이나 양반 가문에서 즐겨 읽었던 한글장편소설에는 중국을 배경으로 한 가문 혹은 두 가문의 이야기가 전개되면서 가문의식을 강하게 드러내는 작품들이 많았다. 『완월회맹연』도 그중 하나로 명나라 영종 때를 배경으로 정씨 가문의 부침과 그를 둘러싼 사람들의 삶을 생생하게 다루고 있다. 명나라를 배경으로 했지만 이는 정치적 사건들을 직접 다루는 데서 오는 부담을 덜기 위해 한글장편소설이 종종 택했던 문학적 관습이다. 비록 명나라를 배경으로 하고 있지만 이 작품에 묘사된 가문들이나 그 속의 인물들은 당쟁을 통해 정치적 부침을 겪었던 조선후기 대표적인 가문들과 인물들의 모습을 연상시킨다. 전주 이씨가 살았던 시대가 신임옥사(辛王獄事, 1721~22), 정미환국(丁未換局, 1727) 등을 통해 가문의 몰락과 회복이 극적으로 이루어지던 때였고, 전주 이씨도 이러한 동향들을 알고 있었을 것이다. 실제로 당시 주요 가문의 여성들은 조정에서 일어나는 정치에 대해 잘 알고 있었고 가문을 수호하는 데 적극적이었으며 여성들의 삶이 정치와 밀접하게 연관되어 있다는 것을 자각했다.

『완월회맹연』의 서사세계는 정한-정잠-정인성-정몽창 4대에 걸친 정씨 가문의 사람들을 중심으로 조정의 정치적 상황, 결혼을 둘러싼 이야기로 이루어져 있다. 그 내용이 짐작되지 않는다면 박경리의 『토지』가 윤씨 부인과 최서희 그리고 그 아들들을 중심으로 19세기 말에서 해방에 이르는 시기의 정치적 상황, 사랑과 결혼을 둘러싼 이야기로 전개되는 것을 떠올려도 좋겠다. 이 작품에서 작가는 정씨 가문을 이상적인 가문으로 또 정씨 부자를 이상적인 군자, 영웅으로 그리고자 했다. 그러나 무엇보다 눈에 들어오는 것은 가족들이 모여서 만들어내는 분위기다. 이 작품의 서두는 인상적이다. 함께 모인 정씨 가족들의 분위기가 너무 안정되고 즐겁고 단란하기 때문이다. 정인광이 고모의 딸인 상연교를 짓궂게 놀리는 장면이나 이들을 바라보며 웃음 짓는 어른들의 모습, 남매가 서로 자기 자식들을 자랑하는 장면은 작가가 바라는 이상적 가정의 모습이 아닌가 싶게 유쾌하고 화목한 분위기를 전달해준다. 이러한 안정된 분위기는 정한이 아들이 없는 맏아들 정잠을 위해 둘째아들인 정삼의 아들 인성을 후계자로 정해주고 이어진 완월대의 잔치에 모인 사람들과 자녀들의 혼인 약속을 맺는 것으로 절정을 이룬다. '완월회맹연'이라는 제목, 완월대에서의 약속은 여기에서 나온 것이다. 하지만 이러한 안정이 얼마나 허약한 것인지는 곧 드러난다. 가장인 정한이 죽고, 정잠의 부인이 죽어 새로 소교완을 부인으로 맞으면서 정씨 가문은 변화를 겪게 된다. 이후 정씨 가문은 도적떼의 습격으로 아이를 잃고, 정잠이 전쟁으로 출정하면서 가족이 흩어지게 되고, 남은 가족들은 곤경을 겪으며 일찍이 했던 혼인 약속도 제대로 이뤄지지 않는다. 서두의 잔치 장면에서 보듯 정씨 가문은 안정과 번영을 누리고 있고 이를 잘 유지하기 위해 미리 후계자를 정해두기까지 했다. 그러나 안정과 번영을 약속한 가문 내부에는 후계자를 둘러싼 갈등의 빌미가 내장되어 있었고 그로부터 가문은 균열되기 시작한다. 『완월회맹연』은 이러한 균열이 어디서 비롯되는지, 가문의 위기를 초래하는 것은 무엇인지를 질문하면서 복잡한 관계망 속에 놓인 인물들의 행동을 실감나게 재현한다.

이 작품은 정씨 4대뿐 아니라 정씨 가문과 혼인 관계를 맺는 장씨, 이씨, 소씨, 주씨, 한씨 가문의 상하층 인물들을 등장시켜 가족 안에서 일어날 수 있는 거의 모든 갈등과 사건을 끝없이 이어간다. 또한 가정생활의 즐거움과 괴로움, 관계 속에서 생겨나기 마련인 사랑과 미움, 인생의 즐거움과 어리석은 욕망을 보여준다. 그중에서도 유교적 가부장제하의 여성들이 겪어야 하는 폭력적인 현실을 비판적으로 보여주는 한편, 여성들의 재능과 욕망, 어떤 고난에도 꺾이지 않는 강인함, 여성들의 목소리를 가감 없이 보여준다. 작가는 여성 인물을 묘사하면서 종종 성인(聖人)에 비유하곤 하는데 이는 새롭다. 열녀나 현녀에 대한 비유도 여전히 사용되지만 여성을 성인에 비유하는 것은 기존의 은유체계를 위반하는 것이기 때문이다. 이는 여성에 대한 기대와 이상이 달라졌음을 의미한다.

『현대역 완월회맹연』(1~6권, 휴머니스트 2022~24)을 읽는 재미는 무엇보다 사람들을 보는 재미에서 온다. 작가는 수많은 인물들을 등장시키면서도 그 인물들을 세심하고 생동감있게 묘사한다. 이는 인간에 대한 섬세한 관찰이나 삶에 대한 깊이있는 숙고 없이는 불가능했을 것이다. 이 작품은 한국소설사의 성취이자 여성문학의 성취로 오늘날 주목받는 K서사의 힘이 어디서 왔는가를 보여주는 보고(寶庫)라 할 수 있다.

한국어의 매력

이향규, 런던 뉴몰든한글학교 교장

『한글의 탄생: 인간에게 문자란 무엇인가』
노마 히데키, 박수진·김진아·김기연 옮김

한국어를 배우는 영국인들을 종종 만난다. 한국어를 배우는 이유가 궁금했다. 한국 드라마와 K팝을 좋아하는 사람이 많다. K컬처가 한국어에 대한 호기심을 강력하게 끌어올린 가장 큰 동력이라는 점은 부정할 수 없다. 좋아하면 더 알고 싶고, 사랑하게 되면 가까이 다가가고 싶은 법이다. 그런데 이 설명은 어쩐지 허전하다. 언어를 배우지 않아도, 드라마는 수준 높은 자막이 있으니 내용을 이해할 수 있고, K팝은 소리, 음악, 안무가 어우러진 종합예술이라 언어를 모른다 해도 그 세련된 멋을 느끼는 데 어려움이 없다. '팬심'으로 시작할 수는 있지만, 언어를 배우는 데는 많은 시간과 노력이 든다. 더욱이 한국어는 영어와 매우 다른 글자와 발음, 문법 구조를 가지고 있어 익숙하지 않다. 포기하기 쉽다. 계속 배우게 하는 힘은 어디서 나올까?

내 가설은 이렇다. K드라마나 K팝이 그동안 잘 접하지 못했던 한국어를 수면 위로 드러내는 데 혁혁한 공을 세운 것은 사실이지만, K컬처라는 날개를 타고 전세계로 흩뿌려진 한국어가 곳곳에서 꽃을 피우는 데는 씨앗이 가진 힘이 있기 때문일 것이다. 노마 히데끼(野間秀樹) 교수의 저작은 이 질문에 답을 찾아가는 과정에 길잡이가 되었다. 언어학자의 안목을 빌려 한국어의 매력을 찾아보자.

『한글의 탄생』(돌베개 초판 2011, 개정판 2022)에서 저자는 언어를 두 가지 형태 즉, 소리의 세계에서 실현되는 '말해진 언어'와 빛의 세계에서 존재하는 '쓰여진 언어'로 구별한다. 대부분의 언어는 '말해진 언어'로만 존재하다가 소멸한다. 15세기에 훈민정음(이하 정음)이 창제되기 전에 우리에겐 쓰여 있는 언어로서 한국어는 없었다.

정음은 '음'이 '문자'가 되는 놀라운 시스템이었다. 그건 그때까지 한자 한문이 창출해놓은 지적세계를 근본에서 변혁하는 일이었다. 세종은 애초에 모든 백성이 쉽게 익혀 날마다 편히 쓰게 하기 위해 글자를 만들었고, 왕은 치밀했다. 탄생한 문자가 소멸하지 않고 텍스트로 널리 보급되도록 처음부터 활자인쇄에 적합한 타이포그래피를 구현하기까지 했다(저자는 이를 "산수화의 세계에 컴퓨터그래픽이 출현한 것 같은 충격"(326면)이라고 표현한다).

'음'에서 출발하는 문자를 만들고자 했을 때 세종은 참조할 수 있는 것을 널리 찾았다. 몽골문자와 파스파문자도 보았을 것이다. 이는 지중해에서 나타난 단음문자 알파벳이 동방으로 이동하면서 만들어진 것이다. 단음문자이긴 하나 히브리문자나 아랍문자처럼 기본적으로 자음만을 표기하였다. 세종은 '언어음'을 구분해 단위를 만들고 각 단위에 형태를 부여하는 단음문자를 구성했다. 그리고 자음과 모음을 추출해 자음뿐만 아니라 모음에도 형태를 주었다. 자음은 음성기관을 본 뜬 5개의 기본자음(ㄱ, ㄴ, ㅁ, ㅅ, ㅇ)에 가획하여 17개(현재는 14개) 형태를 만들고, 모음은 하늘, 땅, 사람(·, ㅡ, ㅣ) 3개 형태를 기본으로 조합하여 11개(현재는 10개) 모양을 구성하였다.

자모의 형태가 결합하여 글자가 되는 체계도 경이롭다. 언어음의 최소단위를 현대 언어학에서는 음소(phoneme)라고 한다. 20세기 언어학자 쏘쉬르(F. de Saussure)가 개념화하였다. 세종이 하나하나 형태를 부여한 음의 단위는 놀랍게도 오늘날 '음소'라고 부르는 것과 같다. 원자들이 결합하여 분자가 되듯이 음소들은 결합하여 음절을 만든다. 그런데 정음의 초성+중성+종성(자음+모음+자음) 결합구조는 매우 독특하여 음절의 경계 즉, 음절의 밖과 음절의 안을 모두 게슈탈트로 나타낼 수 있다. 이러한 결합방식은 다른 문자에서는 찾아보기 어렵다. 일본어 카나는 음절의 경계는 볼 수 있지만 음절의 내부구조는 드러나지 않고, 영어는 단음과 그 배열을 알 수는 있지만 음절의 경계나 음절의 내부구조가 게슈탈트 상으로 드러나지 않는다(184~95면). 내 친구는 한글을 배워 글자를 쓸 수 있게 되었을 때 '마치 정사각형 안에 퍼즐 조각을 맞춰 넣은 것 같다'고 했다. 글자간의 경계가 보이는데 글자 안의 구조도 보이는 것, 한글의 매력이다.

한국어를 배우는 이들은 '음악 같다'는 말을 종종 한다. 나는 한국어 소리가 거세다고 생각했었다. 과거형에는 반드시 나오는 쌍

시옷 발음도 그렇고, 우리말 자음에는 된소리(농음)나 거센소리
(격음)도 많다. 그런데 음악 같다니? 히데끼 교수는 신작 『K-POP
원론』(연립서가 2024)에서 K팝을 "말, 소리, 빛, 신체성이 어우러진
21세기형 종합예술"이라 부르며 상찬한다. 존재양식과 표현양식
면에서 기존의 '음악'이라는 테두리를 훌쩍 넘어서 지금까지 지구
상에 없었던 완전히 새로운 모습으로 "21세기의 지구형 공유 오
페라"라고 평가한다(8~9면). 이런 예술은 어떻게 가능했을까? 여
러 관점에서 분석하는데, 그중 하나가 한국어의 특징이다.

'왜 한국어 랩이 다른 언어권 사람들의 마음을 사로잡는가?' 그
의 답은 이렇다. 한국어가 가진 풍부한 오노마토페(onomatopoeia,
의성어)와 말 사이사이에 넣는 간투사(間投詞, 감탄사), 음절언어
가 갖는 발음의 변화, 긴장, 밀도, 그리고 종성 자음이 야기하는
성문 폐쇄와 후두 긴장이 한국어 노래와 랩의 미학을 만들어낸
다.(196~290면)

저자는 내가 거칠다고 생각했던 농음이나 격음에 대해서 '한국
어 자음의 힘이 K팝 노래 소리를 튀어오르게 한다'거나 '성문폐쇄
음은 보이지 않는 음표'라고 하며 그게 어떤 음악적 기능을 하는
지 설명한다. 예를 들어 격음이나 농음으로 시작하는 음절은 평음
으로 시작하는 것보다 청각적으로 높게 들리는데, 그 특징 때문에
랩에서 농음이나 격음이 나타나면 그 소리가 두드러지고, 한국어
를 모어로 하지 않는 사람들에게는 이것이 언어음 자체의 매력으
로 느껴질 수 있다. 또한 한국어 음소의 특별한 그룹(특히 농음)을
발음할 때는 항상 성문폐쇄 아니면 후두의 심한 긴장이 수반되는

데 K팝 노래는 성문폐쇄나 후두 긴장을 자유자재로 삽입하여 묘한 긴장감을 유발하고, '엣지있는 소리'를 만들어낸다(231~35면).

한국어에 의성어와 의태어가 압도적으로 풍부하다는 것도 소리의 즐거움을 더하는 데 기여한다. 저자는 한국어가 세계에서 오노마토페가 가장 발달한 언어라고 밝히며 한국어를 '오노마토피아'(오노마토페+유토피아)라고 부른다. 한국어에는 추임새 같은 간투사도 많다. K팝 노래에는 오노마토페와 간투사가 난무하는데 그게 언어의 재미를 더한다. 예컨대 블랙핑크의 「붐바야」에 대해 "이쯤 되면 이미 의미 따위는 접어 두고 말의 소리 자체를 전면에 내세워 마음껏 즐기자는 작법이 된다"(272~73면)고 쓴다. 그의 설명을 들으니, 한국어 소리가 '음악 같다'고 할 때 그것은 '곱다'는 의미는 아닌 것 같다. 오히려 풍부하다, 변화무쌍하다, 흥미롭다, 활력이 있다, 다양하다, 즐겁다 같은 것일지도 모르겠다. 세상은 새로운 것을 원한다. 한국어는 새롭다.

1부 분단을 넘어서는 일

백낙청 『분단체제 변혁의 공부길』(초판 창작과비평사 1994, 개정판 창비 2021)

제프리 D. 삭스, 이종인 옮김 『존 F. 케네디의 위대한 협상』(*To Move the World: JFK's Quest for Peace*, 2013, 21세기북스 2014)

박현옥, 김택균 옮김 『자본의 무의식: 자본주의의 꿈과 한민족 공동체를 향한 욕망』(*The Capitalist Unconscious: From Korean Unification to Transnational Korea*, 2015, 천년의상상 2023)

토머스 셸링, 이경남·남영숙 옮김 『갈등의 전략』(*The Strategy of Conflict*, 1981, 한국경제신문 2013)

정병호 『고난과 웃음의 나라: 문화인류학자의 북한 이야기』(창비 2020)

장준하 『돌베개: 장준하의 항일대장정』(초판 화다출판사 1971, 개정판 돌베개 2025)

로버트 스칼라피노·이정식, 한홍구 옮김『한국 공산주의운동사』

(*Communism in Korea*, 1972, 돌베개 초판 1986, 개정판 2015)

2부 역사의 갈림길에서 세계를 보다

백영서『핵심현장에서 동아시아를 다시 묻다』(창비 2013)

라시드 할리디, 유강은 옮김『팔레스타인 100년 전쟁: 정착민 식
민주의와 저항의 역사, 1917–2017』(*The Hundred Years' War on
Palestine: A History of Settler Colonialism and Resistance, 1917–2017*, 2020, 열
린책들 2021)

아르준 아파두라이, 채호석·차원현·배개화 옮김『고삐 풀린 현대
성』(*Modernity at Large: Cultural Dimensions of Globalization*, 1996, 현실문화
2004)

한나 아렌트, 박미애·이진우 옮김『전체주의의 기원』(*The Origins of
Totalitarianism*, 2004, 한길사 2006)

다나카 데루미, 김기홍 옮김『관계인구의 사회학: 인구감소 시대
의 지역재생』(関係人口の社会学: 人口減少時代の地域再生, 2021, 한스하
우스 2024)

오카모토 다카시, 강진아 옮김『중국사, 어떻게 읽을 것인가: 황허
문명부터 중국공산당까지 역사 흐름과 그 특징』(教養としての中
國史の読み方, 2020, 투비북스 2023)

무스타파 술레이만, 이정미 옮김『더 커밍 웨이브』(*The Coming Wave:
Technology, Power, and the Twenty-first Century's Greatest Dilemma*, 2023, 한즈
미디어 2024)

3부 차별과 격차를 허무는 도전

샘 프리드먼·대니얼 로리슨, 홍지영 옮김 『계급 천장: 커리어와 인생에 드리운 긴 그림자』(*The Class Ceiling: Why it Pays to be Privileged*, 2019, 사계절 2024)

R. W. 코넬, 안상욱·현민 옮김 『남성성/들』(*Masculinities*, 1995, 이매진 2013)

조앤 W. 스콧, 국미애·나성은·오미영·김신현경·유정미·이해응 옮김 『Parité! 성적 차이, 민주주의에 도전하다』(*Parité!: Sexual Equality and the Crisis of French Universalism*, 2005, 인간사랑 2009)

킴 닐슨, 김승섭 옮김 『장애의 역사: 침묵과 고립에 맞서 빼앗긴 몸을 되찾는 투쟁의 연대기』(*Disability History of the United States*, 2012, 동아시아 2020)

에바 페더 키테이, 김준혁 옮김 『의존을 배우다: 어느 철학자가 인지장애를 가진 딸을 보살피며 배운 것』(*Learning from My Daughter: The Value and Care of Disabled Minds*, 2019, 반비 2023)

클라우디아 골딘, 김승진 옮김 『커리어 그리고 가정: 평등을 향한 여성들의 기나긴 여정』(*Career and Family: Women's Century-Long Journey toward Equity*, 2021, 생각의힘 2021)

4부 변해버린 계절 앞에서 물어야 할 것들

디 브라운, 최준석 옮김 『나를 운디드니에 묻어주오: 미국 인디언 멸망사』(*Bury My Heart at Wounded Knee*, 1970, 초판 청년사 1979, 개정판 한겨레출판 2024)

롭 닉슨, 김홍옥 옮김 『느린 폭력과 빈자의 환경주의』(*Slow Violence and the Environmentalism of the Poor*, 2011, 에코리브르 2020)

제레미 리프킨, 이정배 옮김 『생명권 정치학』(*Biosphere Politics*, 1991, 대화출판사 1996)

한상봉 『장일순 평전: 걸어 다니는 동학, 장일순의 삶과 사상』(삼인 2024)

C. 더글러스 러미스, 최성현·김종철 옮김 『경제성장이 안되면 우리는 풍요롭지 못할 것인가』(經濟成長がなければ私たちは豊かになれないのだろうか, 2000, 녹색평론사 초판 2002, 개정판 2011)

신하림 『산불은 마을을 어떻게 바꿨나』(바른북스 2024)

5부 세상을 바꾸는 문화의 힘

매슈 아널드, 윤지관 옮김 『교양과 무질서』(*Culture and Anarchy*, 1869, 한길사 초판 2006, 개정판 2016)

나오미 클라인, 류진오 옮김 『도플갱어』(*Doppelganger*, 2023, 글항아리 2024)

황정은 『야만적인 앨리스씨』(문학동네 초판 2013, 개정판 2023)

김소월 『진달래꽃』(매문사 1925)

완월회맹연 번역연구모임 『현대역 완월회맹연』(1~6권, 휴머니스트 2022~24)

노마 히데키, 박수진·김진아·김기연 옮김 『한글의 탄생: 인간에게 문자란 무엇인가』(ハングルの誕生, 2010, 돌베개 초판 2011, 개정판 2022)